体育运动训练丛书

U0734007

Tennis Anatomy

网球运动系统训练

【美】E. 保罗·勒特尔 (E. Paul Roetert)　马克·S. 科瓦奇 (Mark S. Kovacs)　著

孟焕丽　张晶　译

人民邮电出版社

北京

图书在版编目（CIP）数据

网球运动系统训练／（美）勒特尔（Roetert, E.P.），
（美）科瓦奇（Kovacs, M.S.）著；孟焕丽，张晶译. --
北京：人民邮电出版社，2015.1
ISBN 978-7-115-37717-3

Ⅰ. ①网… Ⅱ. ①勒… ②科… ③孟… ④张… Ⅲ.
①网球运动—运动训练 Ⅳ. ①G845.2

中国版本图书馆CIP数据核字(2014)第302288号

版权声明

免责声明

本书内容旨在为大众提供有用的信息。所有材料（包括文本、图形和图像）仅供参考，不能用于对特定疾病或症状的医疗诊断、建议或治疗。所有读者在针对任何一般性或特定的健康问题开始某项锻炼之前，均应向专业的医疗保健机构或医生进行咨询。作者和出版商都已尽可能确保本书技术上的准确性以及合理性，且并不特别推崇任何治疗方法、方案、建议或本书中的其他信息，并特别声明，不会承担由于使用本出版物中的材料而遭受的任何损伤所直接或间接产生的与个人或团体相关的一切责任、损失或风险。

内 容 提 要

　　《网球运动系统训练》以前所未有的视角审视了网球运动，总结了提升协调能力和球场表现的宝贵经验，展示了增强体力、加快速度和提升敏捷性的专项训练，使接球、发球更加准确有力，从而夺得比赛胜利。

◆ 著　　　[美] E.保罗·勒特尔（E.Paul Roetert）
　　　　　　马克·S. 科瓦奇（Mark S. Kovacs）
　　译　　　孟焕丽　张 晶
　　责任编辑　李 璇
　　责任印制　周昇亮
◆ 人民邮电出版社出版发行　　北京市丰台区成寿寺路 11 号
　　邮编　100164　电子邮件　315@ptpress.com.cn
　　网址　http://www.ptpress.com.cn
　　北京天宇星印刷厂印刷
◆ 开本：690×970　1/16
　　印张：13　　　　　　　2015 年 1 月第 1 版
　　字数：211 千字　　　　2025 年 10 月北京第 47 次印刷
　　著作权合同登记号　图字：01-2014-4924 号

定价：49.80 元
读者服务热线：(010)81055296　印装质量热线：(010)81055316
反盗版热线：(010)81055315

作者简介

E·保罗·勒特尔（E. Paul Roetert）博士是美国健康、体育教育、休闲与舞蹈联合会（AAHPERD）的首席执行官。

在担任此职务之前，勒特尔是美国网球协会球员发展计划的常务董事，也是2002年到2009年美国青少年网球公开锦标赛的赛事总监。他还担任美国运动教育计划（ASEP）的执行董事和美国网球协会体育科学部的行政主管，在那里他指定了体育科学计划。

勒特尔在网球领域著述颇丰，包括若干图书、20余个图书章节和超过100篇文章。他是美国运动医学会成员、美国职业网球协会（USPTA）的大师级专业教练和职业网球注册机构（PTR）的荣誉专业教练。他是2002年由国际网球名人堂针对为网球运动做出卓越贡献而颁发的卓越教育奖的得主。勒特尔持有康涅狄格大学的生物力学博士学位。

马克·S. 科瓦奇（Mark S. Kovacs）博士是美国网球协会（USTA）体育科学和指导教育高级经理。他是奥本大学的全美和NCAA的双料冠军。完成专业比赛后，他攻读了研究生学位，进行针对网球运动的具体研究，获得了运动科学研究生学位和运动生理学博士学位。

马克已经在众多顶级学术期刊出版了许多具体的网球研究，并在国家与国际会议中进行了阐述。他是《网球体能训练》（Tennis Training: Enhancing On-Court Performance）一书的作者，也是《力量与训练研究杂志》（Strength and Conditioning Journal）的副主编。马克还是力量与体能训练专家，负责培训职业网球选手，其中包括参加了所有大满贯比赛的运动员。

目录 CONTENTS

前言

本书既适合竞技网球手，也适合休闲网球手。很多网球书籍强调健身或体能。本书更进一步，侧重说明开展网球运动的原因和方法。在本书中，我们将重点介绍每个击球动作所调动的不同肌肉组织，阐释如何最有效地训练这些特定的肌肉组织，并将此作为网球特定培训综合方法的一部分。

在美国网球协会（USTA）的支持下，我们提供了目前最新、最具针对性的网球体能训练信息。作为一家美国网球国家管理机构，USTA负责推动和发展这项运动。USTA通过球员发展计划分享美国竞技球员应用的最新训练方法。这一使命激励我们加入此项目，通过精准解析网球运动为大家呈现这些训练方法。

人们一度认为网球运动适合8到80岁年龄段的人群，但由于新训练方法的采用，这一年龄范围已扩大。USTA针对10岁及以下儿童球员提供了10岁及以下儿童专用网球，他们可以利用经过改造的器材学习网球运动。此外，还为90岁及以上的球员创办了国家级锦标赛。事实表明，网球运动对人们的健康、适应性、协调性和心理大有裨益。显然，状态良好的网球运动员有助于成就较长的网球运动生涯。

当然，多年前人们只能通过一种形式开展这项运动。通过有效训练和调理还可大大增强运动质量。这才是本书的真正目的。无论是为联赛做准备、参加高中或大学网球队选拔，还是希望在锦标赛上赛出更高水平，本书都可以根据最新研究成果，为您提供最新的实用培训信息。

第1章深入介绍开展网球运动的需求、球场与打法之间的关系、精准解析每次击球动作以及设计训练计划需要考虑的生理因素。第2章到第7章系统介绍了每个主要身体部位在网球运动中发挥的作用，重点剖析肌肉及其与击球动作之间的关系并提供专项训练。每项训练包含一个网球训练要点部分，重点说明如何将训练直接转化为更好的场上击球表现或动作。第8章到第10章采用类似的格式，但分别侧重说明转体、步法技巧和预防损伤的重要性。训练附带的骨骼插画经过彩色编码，从而指示各项训练和动作调动的主要肌群和辅助肌群。

主要肌群　　　　　辅助肌群　　　　　结缔组织

大家必将喜欢这些信息并可从中获益。挑战自我，了解更多身体解剖及网球动作信息，通过在训练中增加网球专项训练方法来提升球技。采用这些训练技巧后，必将能够使您的网球技术提升到更高的水平。

▌致谢

若非多年以来得到共事的大量运动科学和医疗专家的提携、指导和支持，绝不可能著就本书。我们的所有灵感和观点均由相关专业人士通过课程、个人会谈、出版物和会议而形成。我们无法一一列举他们的姓名，但向他们表示衷心的感谢。

在我们的生活中提供帮助的另外一个群体是众多教练和网球教学人员，是他们教导并帮助我们开展球员培训及教练课程。

Human Kinetics提出这一创意并且尊重我们的兴趣，美国网球协会（USTA）允许我们参与此项目。我们非常感激两家机构为我们提供的这次宝贵机会。博卡西部乡村俱乐部为我们提供了网球场和健身设施，对此我们表示十分感谢。

最后，我们要感谢我们的家人，尤其是Paul的妻子Barbara，还有Mark的妻子Mary Jo，感谢她们的大力支持和鼓励。

扫描右方二维码添加企业微信。
1. 加入体育爱好者交流群。
2. 不定期获取更多图书、课程、讲座等知识服务产品信息，以及参与直播互动、在线答疑和与专业导师直接对话的机会。

运动中的网球运动员

1
CHAPTER

网球运动员精英们令这项运动看起来轻松自如。相比之下，您的运动技巧、击球和适应性可能有待改进。优秀教练可以帮助您改进技巧和适应性，但请记住，人与人之间存在大量个体差异，即便是专业级球员也是一样。大家可能会发现，Roger Federer和Rafael Nadal的击球方式并不完全相同。他们的共同愿望是练就完美技能，并持续提升技术和身体素质。但是，只有完成为实现最佳定位和击球表现所需的各个动作进行的所有必要移动，才能展现适当的技巧。

在网球运动中，力量、柔韧度、爆发力、耐力和速度缺一不可。每一方面都需要训练有素的肌肉系统。此外，每种球场都会带来不同的挑战。例如，红土球场要求球员进行更长的回拉，有时需要比硬地球场长多达20%，而草地球场比大部分硬地球场的速度更快。因此，经常在红土球场打球的球员应训练肌肉耐力，而经常在硬地球场或草地球场等更轻快的场地打球的球员则可能希望更多地训练肌肉爆发力，或者至少既具耐力又不乏爆发力。

网球是一项终身运动，无论是为了娱乐、参加联赛、大学级还是专业级赛事，我们当中的很多人的目标都是在远离伤病的同时持续改善球技。为此，最佳途径是有效训练并运用适当的技巧，设法完成行之有效的击球动作。既要考虑网球运动的各项需求，又要考虑自己的身体结构，并保持自己的独特打法。

网球运动的体能要求

适当的移动技巧对于成功完成网球运动至关重要。成功的网球运动员必须能够尽早持球并妥善调整。通常，这个过程需要在辨别运动轨迹、旋转方式和来球速度的同时完成多个调整步。事实上，网球往往被视为一项应激运动。其中包括连续移动、短距离冲刺以及频繁的方向改变。平均而言，每一分需要3到5次方向改变，在对抗赛或对抗练习中，球员完成超过500次方向改变的情况并不少见。比赛可能会持续几小时，因而需要有氧运动，但短距离冲刺、爆发力动作和方向改变显然是无氧运动。因此，应当运用网球比赛期间的代表性动作模式训练心肺系统和肌肉系统。

美国网球协会(USTA)球员培养计划的关注重点是良好的运动和定位技术。显然，倘若不能拿到球并做好击球准备，将无法以最佳平衡方式击球以完成有力一击。腿部是自下而上传递力量的第一环。这是动力学链系统的一部分。牛顿第三定律的表述是：每个作用力都有一个大小相等、方向相反的反作用力。当您击打网球时，双脚蹬地，地面会将您弹回。这样，就能将力道从一个身体部位传到下一个身体部位，经由腿部、臀部、躯干和手臂直达球拍。最有效地完成这个动作的关键在于，正确地对动作的各个部分计时，不要漏掉任何一个部分，保证身体足够强壮而又柔韧，可以承受施加的压力。适当的技巧和充分的肌肉系统准备缺一不可。在网球运动中，下半身、中间部位（重心或躯干）和上半身都非常重要，但每个身体部位的需求和训练要求有所不同。

腿部训练对于在球场上高效运动至关重要。研究表明，网球运动对双腿肌肉造成的压力相等，因此训练计划应反映这一点。由于绝大部分网球动作都是从球场一侧到另一侧，因此应当集中60%到80%的精力开展此类动作模式训练。换句话说，训练横向移动（包括将腿部从身体中央移开的外展肌、将腿部向身体中央移动的内收肌），至少与训练其他腿部肌肉组织同等重要。

培训时需要将身体中部想象为一个圆柱体。应当设计训练动作，通过多个运动平面移动躯干前面、后面和侧面。击球需要进行转体运动和屈伸运动，通常需要在一次击球中完成全部动作。

在每次击球过程中，上半身的惯用侧比非惯用侧用力更多。因此，除了为增强体能而训练惯用侧以外，还需要训练非惯用侧，以便保持平衡并预防伤病。由于网球运动主要使用发球和正手姿势，这两个姿势靠肩部前方和胸部肌肉发力，因此务必训练肩膀后部和背部肌肉。在进行正手和发球动作时，这些肌肉将会伸展；而在反手击球时，则通过向心收缩来收缩肌肉。

为网球运动员设计训练计划时，平衡上下身、左右侧和前后侧很重要。本书将会带您了解各个身体部位，为您提供适当的训练方法，从而取得最理想的训练效果。

打法和球场

不管是哪种球场和打法，肌肉均衡对于所有球员都非常重要。但是，您的打法以及使用的球场往往会影响训练目标，并会影响训练方法的选择。例如，如果您在红土球场上进行长盘赛时，势必希望训练耐力，尤其是下半身耐力，而不是肌肉强度和爆发力，这种训练方法更适合在硬地球场上进行短盘赛。上身训练也遵循相同的原则，但程度较轻。在进行短盘赛时，仍然希望尽可能用力击球；但是，由于是长盘赛，肌肉耐力就变得更加重要了。无论什么样的打法和球场，均应对上身进行肌肉爆发力和耐力训练。

打法

您知道自己的打法是什么样的吗？喜欢上网凌空抽射，还是喜欢保证绝不失球，用耐力将对手拖垮？亦或是从底线大力击球，尝试得分并最终获得胜利？这三种打法都很有效。您采用的打法取决于自身的技能、个性，或许还有最常使用的球场。大部分教练会将球员分为以下四种不同的打法。

1.发球上网型球员

2.底线攻击型球员

3.被动反击型球员

4.全场型球员

在顶级职业赛事中，底线攻击型球员最为普遍，其次是全场型球员。无论是男网巡回赛还是女网巡回赛，传统的发球上网型球员和典型被动反击型球员都不再是首选打法。但是，我们发现其他赛事的网球运动员会采用各种不同的打法。

发球上网型球员（第10页，图1.1）依靠发球帮助得分。发球后，迅速上网。通常，发球上网型球员做出的上网动作比被动反击型球员和底线攻击型球员多高达20%到40%，比全场型球员多大约20%。由于向前移动，发球上网型球员往往发现自己在网边，并通过上网努力得分。良好的截击技术至关重要，需要具备出色的腿部力量，尤其是四头肌、臀大肌和腓肠肌。强壮的腿部肌肉十分关键，在低位截击时尤其需要保持较大的膝关节弯曲度。身体柔韧性对于发球上网型球员非常重要，因为比赛过程中很多时候都需要十分贴近地面。同样，腕部柔韧性也很有帮助，尤其是在伸手截击时需要将关节伸展到最大范围。需要定期训练才能获得这种柔韧性。

底线攻击型球员（第10页，图1.2）更喜欢击打落地球，但也希望通过大力攻击球向对手施加压力。这种类型的球员的目标在于减少运动，比被动反击型球员移动更少，喜欢在场内移动并尽早接球，从而缩短对手的击球间隔时间。这种打法要求肌肉强壮、耐力好，但整体爆发力才是主要因素，这将有助于底线攻击型

四头肌
臀中肌
臀大肌
腓肠肌
比目鱼肌

图1.1 ▶ 发球上网型球员在草地球场上进行低位截击

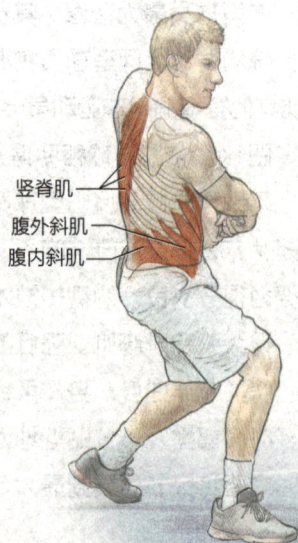

竖脊肌
腹外斜肌
腹内斜肌

图1.2 ▶ 底线攻击型球员在硬地球场上击打双手反手球

球员得分。掌握正手大力击球或者大力双手反手击球等主要攻击手段将大有裨益。大力击球既需要力量也需要速度。训练时需要充分考虑这一点。下半身和身体中部训练与前文所述的其他风格的球员极为类似，但更重视上半身的爆发力将会很有益。胸肌和前臂肌肉对于发力十分重要，但不要忽视后臂和上背部肌肉。它们有助于保护肩关节，预防伤病。

被动反击型球员（图1.3）的目标是回击每一个球，确保对手不得不在每一波进攻期间多次击球，借此赢取每一分。这种打法依赖出色的左右运动和击球一致性。

被动反击型球员60%到80%的时间在左右移动。通常需要伸展手臂击打开放式站位的正手或反手球。因此，训练外展肌、内收肌以及全面训练计划中针对发球上网型球员计划设置的肌肉群。这包括训练柔韧度及强度。被动反击型球员必

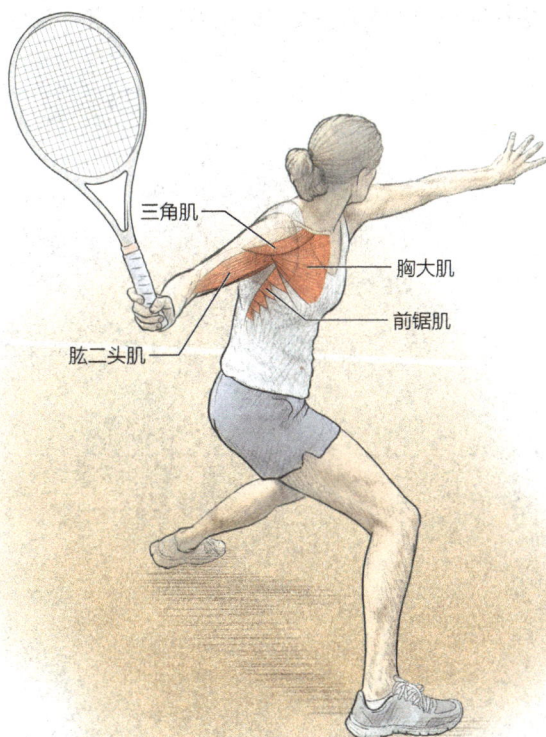

三角肌

胸大肌

前锯肌

肱二头肌

图1.3 ▶ 被动反击型球员在红土球场上滑步击打离身正手球

须依靠速度、敏捷度和改变方向的能力，因为她可能往往无法撇开球而获胜。这种打法在速度较慢的球场上最为有效。上下身的肌肉耐力非常关键。必须训练腹斜肌来协助所有落地球完成旋转运动，因为被动反击型球员击球次数过多，大部分时候采用开放式站位。另外，当进行防守时，被动反击型球员可能会在单腿、错位或身体失衡的情况下击出很多球。因此，必须通过进行单腿活动或在不稳定或不规则的环境下开展训练来适应这类球场情况。

　　全场型球员（图1.4）在击打落地球时看起来颇具攻击性，但同样喜欢通过快速上网得分。从发球、落地球到截击等各种打法都需要同样重视训练。此外，还需要花费大量时间进行攻防转换，击球训练有助于全场型球员上网。全场型球员应该定期训练上网球，比如中场正手大力击球或反手削球，然后上网得分。这些击球方式需要具备出色的移动和定位能力，通常是一个比击打常规落地球更好的姿势。上下身训练都很有益，尤其是第9章介绍的帮助进行重心转移和球场移动的

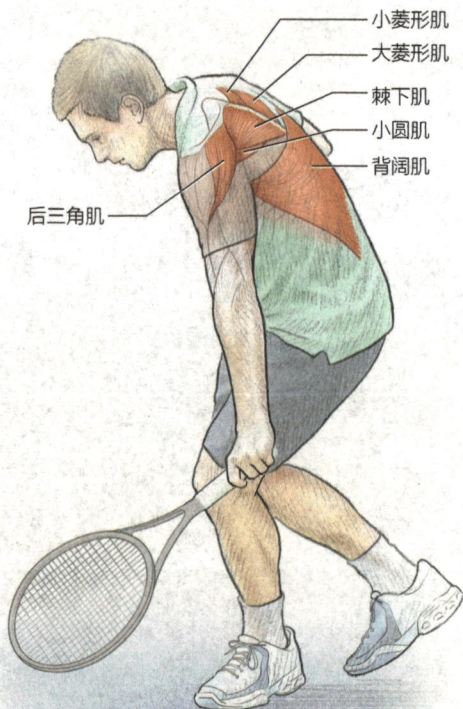

小菱形肌
大菱形肌
棘下肌
小圆肌
背阔肌
后三角肌

图1.4 ▶ 全场型球员在硬地球场击打单手反手削球上网球

训练尤为重要，比如蜘蛛式训练（第171页）和应激式起跳（第174页）。训练各个肌肉组织非常重要。主要重心应放在左右、前后和上下身平衡训练上。

球场

在某种程度上，球场确实对打法起到决定性作用。通常，在速度较快的草地球场上发球和截击的成功几率比在红土球场上要高。被动反击型球员在速度较慢的红土球场上的获胜几率通常要高于其他所有球场。

由于网球在草地球场和快速硬地球场上的弹起高度较低，因此球员必须能够充分地弯曲膝盖。训练应侧重练习躯体运动，保证在比赛期间达到预期的运动幅度（例如，全幅下蹲和弓步），并且可以有效恢复。在红土球场上打球的球员往往在击打离身正手球或反手球时采用滑步上球的方法。因为在红土球场上打球不仅需要前后腿有力，而且还要求腿的内外两侧肌肉强度高，因此训练外展肌和内收肌至关重要。肌肉耐力将是训练重点。研究人员对硬地球场与红土球场的球速进行了比较。网球降落到红土球场后，球速通常比同一个球降落到硬地球场要低15%。鉴于这个主要原因，红土球场比赛时间较长并且每次回击的击球数也会更多。红土球场比赛时间较长，因而相较于比赛时间较短的硬地球场会略微增加心率。因此，红土球场比赛的准备训练需要比硬地球场训练更注重有氧运动。发球比回球的体能要求更高，发球较弱的球员需要为长期作战做好准备，运用体能要求更高的打法。

网球击球方法

《网球运动系统训练》主要介绍大量训练模式，从而帮助增进大家的网球技能水平。有些是多关节训练，比如弓步，弓步动作需要使用臀部、膝盖和脚踝。另外还有单关节训练，比如提踵，提踵只需使用踝关节。所有练习均有助于防止伤病及增强体能。这与找到适当的打法同等重要，因为这需要运用网球进行适应。因此，以下几章的练习将可以帮助大家提升自身的球技。

为辨别每项练习将会带来的好处，我们提供了图标用于指示特定的击球方法：落地球（正手和反手）、发球、高球、截击（正手和反手），这些击球方法均可通过有氧训练加以提升。在本部分中，我们将会对主要击球方法进行介绍，并说明动作、肌肉和肌肉收缩如何相互关联以完成强有力的击球动作。

正反手击落地球

在过去的30余年中，由于球拍技术发生变化，网球运动的变化最为剧烈。球拍可以使用各种材料制作并且越来越宽、越来越硬，最佳击球点范围越来越大。这对网球运动产生了巨大的影响，对落地球的影响最为重大。最佳击球点范围越来越大，对偏心击球的容忍性也越来越高，而且球拍材料可以承受更剧烈的冲力。鉴于这些变化，正手和反手挥拍也发生了变化。大幅度流畅性挥拍和沿目标方向的随球动作逐渐让位于更激烈的旋转式挥拍方法，最终可在身体的各种部位终止，具体取决于击球类型。这些挥拍模式可让球员以更加开放的站位击球，在击打正手球和双手反手球时表现尤为明显。这种变化可能会对身体中部造成巨大压力。因此，锻炼身体使其能够承受这些压力非常重要。

使用各种击球方法时，很多下身肌肉运动基本类似。伸展（拉长）和收缩（缩短）动作间的相互作用可以让身体根据每次击球的阶段存储和释放能量。此外，每次击球还需要进行转体，落地球、发球和高球的转体要求比截击高。正手、发球和高球与单手和双手反手击球有所不同，上身肌肉的刺激方式刚好相反。上背和后肩肌肉在发力阶段收缩（缩短），在随球动作时伸展（拉长）。胸肌和前肩先在拉拍时离心收缩，而后又在向前挥拍时收缩。向后挥拍遵循相反的模式。

正手击落地球

正手击落地球可以从开放式站位、平行式站位或闭合式站位击出。每种身体位置需要遵循不同的上下身力学模式，但这三种站位方法均综合利用线动量与角动量原理增强击球力量。线动量是质量和速度的产物，可沿垂直方向和水平方向生成。角动量是指击球的旋转分量，综合考量轴惯性矩（该轴的反力矩）和轴角速度。线动量与角动量是成功发挥正手球威力的基础。发出的线动量会影响每个身体部位发出的旋转力。

开放式站位正手击球（图1.5）可实现最大幅度的全身旋转，相较于平行式站位或闭合式站位，要求整个重心和下身发挥更大的力量和柔韧性。平行式站位和闭合式站位所需的重心旋转较小，击球点更接近球员前方且距离网更近。了解每种站位方法均取决于环境这一点至关重要。换句话说，是指您所处的球场、攻击球类型（速度和旋转）以及尝试采取的击球方法往往都会影响站位。

开放式站位正手击球是当今网球运动中最常用的正手击球形式。这种击球方法需要具备有力的臀部和上躯干旋转，从而在接地瞬间将力量从下身经由重心有效转移到球拍和球身。转体、肩部水平伸展和内旋转都是增加正手球球拍速度的主要动作模式。在球接地后，伸展力量有助于球拍减速。这一点尤其重要，因为这与预防伤病息息相关。

在正手击落地球的向后挥拍期间（图1.5a），腓肠肌、比目鱼肌、四头肌、臀肌和髋关节离心收缩，提升下肢并开始进行臀部旋转。转体阶段的收缩动作包括同侧内斜和对侧外斜，同时离心收缩会促进对侧内斜、同侧外斜、腹肌和竖脊肌。肩部和上臂旋转的截面收缩由中三角肌和后三角肌、背阔肌、棘下肌和小圆肌共同完成，而后收缩腕伸肌。肩部的离心收缩和上臂旋转的截面伸展由前三角肌、胸大肌和肩胛下肌共同完成。

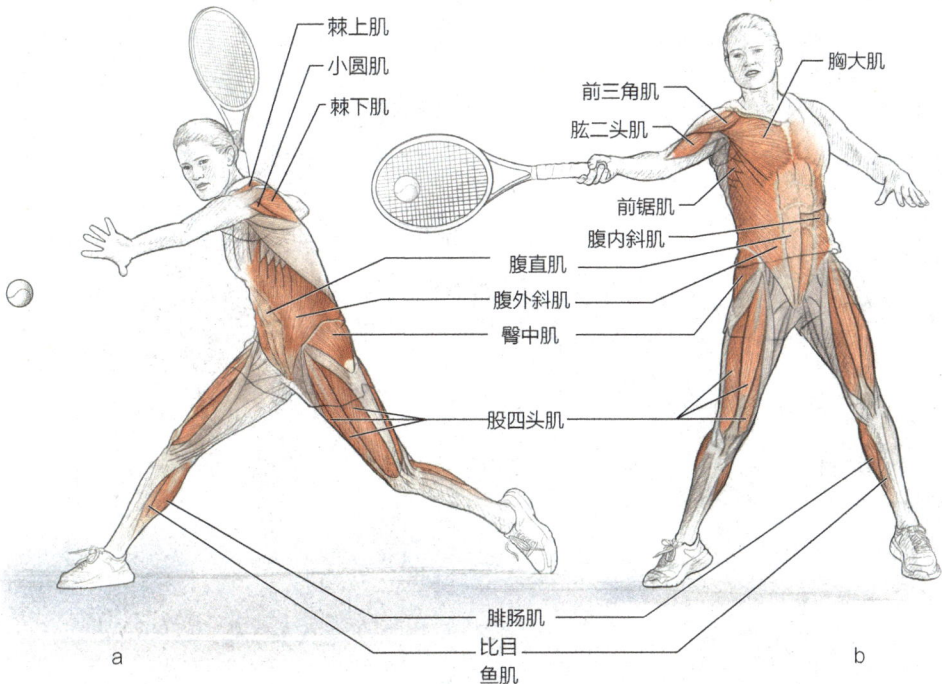

棘上肌
小圆肌
棘下肌
胸大肌
前三角肌
肱二头肌
前锯肌
腹内斜肌
腹直肌
腹外斜肌
臀中肌
股四头肌
腓肠肌
比目鱼肌
a
b

图1.5 ▶ 开放式站位正手击球：(a)向后挥拍；(b)向前挥拍

向前挥拍期间（图1.5b），腓肠肌、比目鱼肌、四头肌、臀肌和髋关节进行向心和离心收缩，从而促进下半身和臀部旋转。腹斜肌、背部背伸肌和竖脊肌进行向心和离心收缩来实现躯干旋转。加速期间背阔肌、前三角肌、肩胛下肌、二头肌和胸大肌全部向心收缩，从而使球拍与球准确接触。

随球动作期间，上臂运动将通过棘下肌、小圆肌、后三角肌、菱形肌、前锯肌、斜方肌、三头肌和腕伸肌实现离心收缩。

单手反手击落地球

单手反手（图1.6）涉及的力综合作用方式与正手类似，但也有一些重要的不同之处。腕伸肌的力量和肌肉耐力对于成功地重复完成反手动作十分重要。研究显示，腕力矩可以快速伸展腕伸肌，这在具有网球肘（肱骨外上髁炎）历史的球员身上尤为突出。

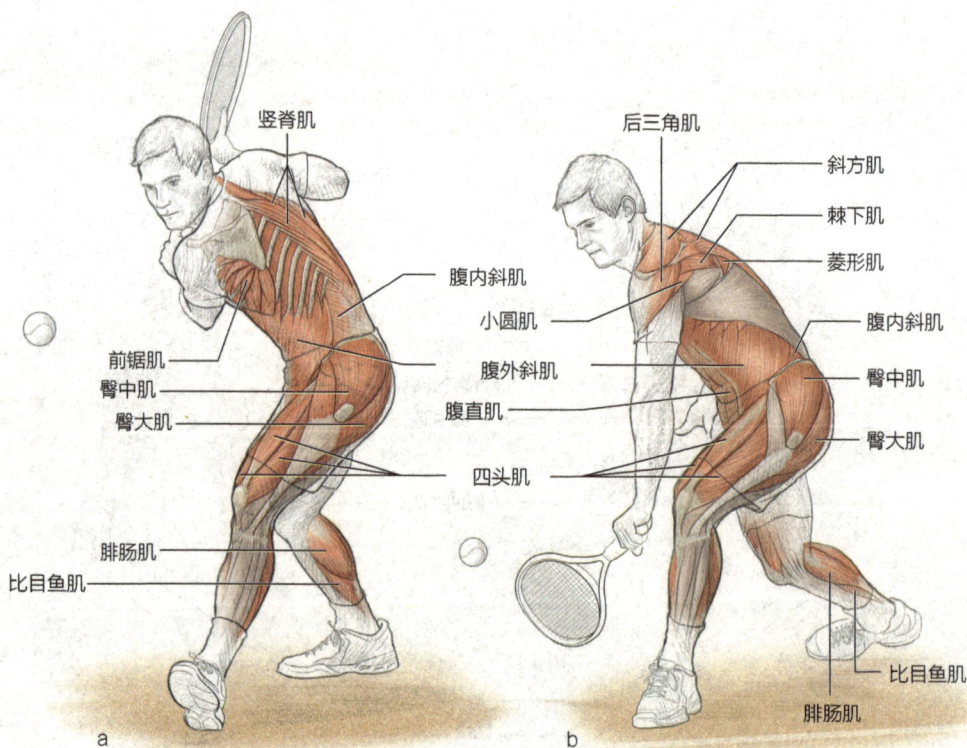

图1.6 ▶ 单手反手球：(a)向后挥拍；(b) 向前挥拍

在单手反手动作期间，惯用肩膀在身体前方。通常，击球转体程度较小；但是，需要组织不同的身体部位做出比双手反手球更协调的动作，包括肩膀和前臂旋转。单手反手动作比双手反手动作更注重前腿部位。单手反手动作与双手反手动作可以实现类似的球拍速度。力量和柔韧度（尤其是上背和后肩肌肉）非常重要。开展双侧训练实现肌肉平衡。

在单手反手动作的向后挥拍期间（图1.6a），腓肠肌、比目鱼肌、四头肌、臀肌和髋关节离心收缩以提升腿部并开始进行臀部旋转。同侧内斜和对侧外斜向心收缩通过对侧内斜、同侧外斜、腹肌和竖脊肌离心收缩来实现平衡以便旋转躯干。前三角肌、胸大肌、肩胛下肌和腕伸肌向心收缩，在后三角肌、棘下肌、小圆肌、斜方肌、菱形肌和前锯肌离心收缩的同时将肩部和上臂旋转到截面。

向前挥拍期间（图1.6b），下身和臀部旋转由腓肠肌、比目鱼肌、四头肌、臀肌和髋关节离心收缩驱动。腹斜肌、背部背伸肌和竖脊肌进行向心和离心收缩，以便躯干旋转接球。上臂加速阶段通过棘下肌、小圆肌、后三角肌和斜方肌离心收缩来完成。

随球动作期间，肩胛下肌、胸大肌、二头肌和腕伸肌离心收缩以便实现上臂减速。

双手反手击落地球

很多球员得益于双手反手动作（图1.7），这在早期学习阶段表现尤为明显。使用双臂增加击球力度，涉及的身体部位较少，有助于初学球员协调动作。这些优势有助于球员在好球区击球，球弹起高度较高，必须在肩部以上击球。虽然双手反手动作利用的肌肉组织与单手反手动作有很多相同之处，但双手反手动作所需的躯干旋转度要大于单手反手动作。因此，应当有效训练躯干和上腹部肌肉，尤其是腹内斜肌和腹外斜肌。这在开放式站位反手动作中尤为重要，因而在各级网球赛事中越来越流行。此外，应当训练腿部以提供稳定的支撑基础，将力量从地面适当地转移到球拍，实现长盘赛耐力。双手反手动作的一个独特之处是运用非惯用臂和手腕。必须适当训练非惯用前臂屈伸肌群、手腕和桡尺偏运动涉及的肌肉。

向后挥拍期间（图1.7a），腓肠肌、比目鱼肌、四头肌、臀肌和髋关节离心

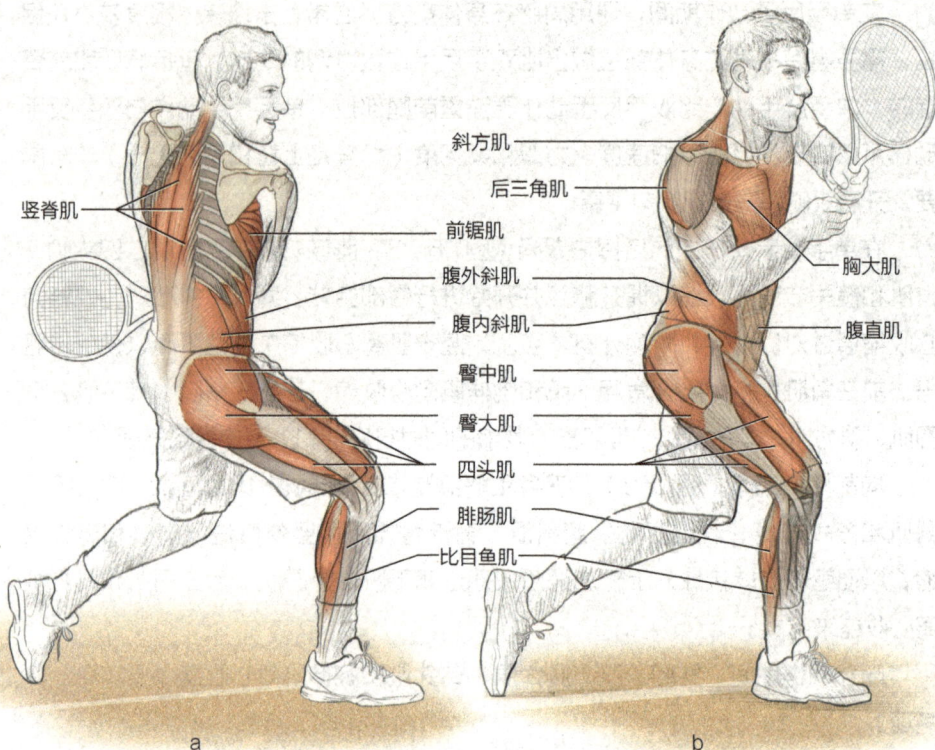

斜方肌

后三角肌

竖脊肌

前锯肌

腹外斜肌

腹内斜肌

胸大肌

臀中肌

腹直肌

臀大肌

四头肌

腓肠肌

比目鱼肌

a

b

图1.7 ▶ 双手反手球：(a)向后挥拍；(b) 向前挥拍

收缩以提升腿部并开始进行臀部旋转。同侧内斜和对侧外斜向心收缩由对侧内斜
和同侧外斜、腹肌和竖脊肌离心收缩加以辅助。惯用侧的肩部和上臂通过前三角
肌、胸大肌、肩胛下肌和腕伸肌离心收缩以及后三角肌、棘下肌、小圆肌、斜方
肌、菱形肌和前锯肌向心收缩旋转到截面。在非惯用侧，通过中三角肌和后三角
肌、背阔肌、棘下肌、小圆肌和腕伸肌离心收缩旋转肩部和上臂，辅以前三角
肌、胸大肌和肩胛下肌离心收缩。

　　向前挥拍期间（图1.7b），腓肠肌、比目鱼肌、四头肌、臀肌和髋关节离心
收缩提升下半身并开始进行臀部旋转。腹斜肌、背直肌群和竖脊肌进行向心和离
心收缩以旋转躯干。惯用侧上臂通过棘下肌、小圆肌、后三角肌和斜方肌进行向
心收缩来移动到球身。在非惯用侧，前三角肌、肩胛下肌、二头肌、前锯肌和胸
大肌进行离心收缩以将手臂移动到球体。

随球动作期间，惯用臂通过肩胛下肌、胸大肌和屈腕肌离心收缩来减速。非惯用侧手臂通过棘下肌、小圆肌、后三角肌、菱形肌、前锯肌、斜方肌、三头肌和腕伸肌离心收缩来减速。

发球和高球

发球是网球中最重要的得分球之一。每位球员首先以发球各得一半分数，因而有时间进行准备。发球已经成为真正的比赛武器，因为它对后续得分起到很大的决定性作用。由于高球的挥拍模式与发球极为相似，因此我们也会在本部分中对高球进行介绍。

从战略战术的角度而言，成功发球的关键在于速度、旋转和落点。最佳发球需综合考虑这三个因素。当然，体能准备（加强力量、爆发力、柔韧度和协调性）对上述三个因素的质量会起到决定性作用。

出色的发球在专业网球比赛中变得越来越重要。据2009年美国网球公开赛统计数据显示，在男子比赛中，排名前十位的球员中有五位同样具备最高的发球速度。女子比赛也呈现类似的趋势。大家也可以将发球作为真正的利器，准备好身体状态，在整场比赛中发挥高水平的发球得分。

在现代比赛中，我们共发现两种类型的发球：并步发球（图1.8）和分步发球（第21页，图1.9）。无论哪种发球方法均可接受。通常，球员会根据个人喜好和风格选择使用哪种发球方式。在并步发球中，通常后脚的起始位置与分步发球完全相同。但是，在挥动和向后挥拍期间，后脚上滑靠近前脚。

这样可以实现更大的重心前移，并能够在向前挥拍时更轻松地打开臀部。分步姿势的平衡性略高，可以发出更大的向上（垂直）作用力。

发球和高球执行分为三个主要阶段：起势、加速和随球动作。在起势（或准备）阶段，您需要储备能量。加速阶段是指通过球体接触释放能量。最后一个阶段是随球动作（减速）阶段，需要提供巨大的离心力量，帮助控制上半身和下半身减速。

成功的发球或高球是来自地面的整个动力学链到冲击球体的各种力量综合作用的结果。通过屈膝（四头肌离心收缩）实现有效的地面反作用力，这是发球动作的第一个主要发力来源。这种屈膝动作往往被定义为下半身起势。腓肠肌、比

后三角肌

斜方肌
棘下肌
小圆肌

大菱形肌

腹内斜肌

臀中肌

臀大肌

腓肠肌

比目鱼肌

腹外斜肌

四头肌

a

后三角肌
棘下肌
小菱形肌
大菱形肌
竖脊肌

斜方肌

小圆肌

腹外斜肌

腹内斜肌

臀中肌

臀大肌

四头肌

腓肠肌

比目鱼肌

b

后三角肌

外斜肌

臀中肌

四头肌

臀大肌

腓肠肌

比目鱼肌

c

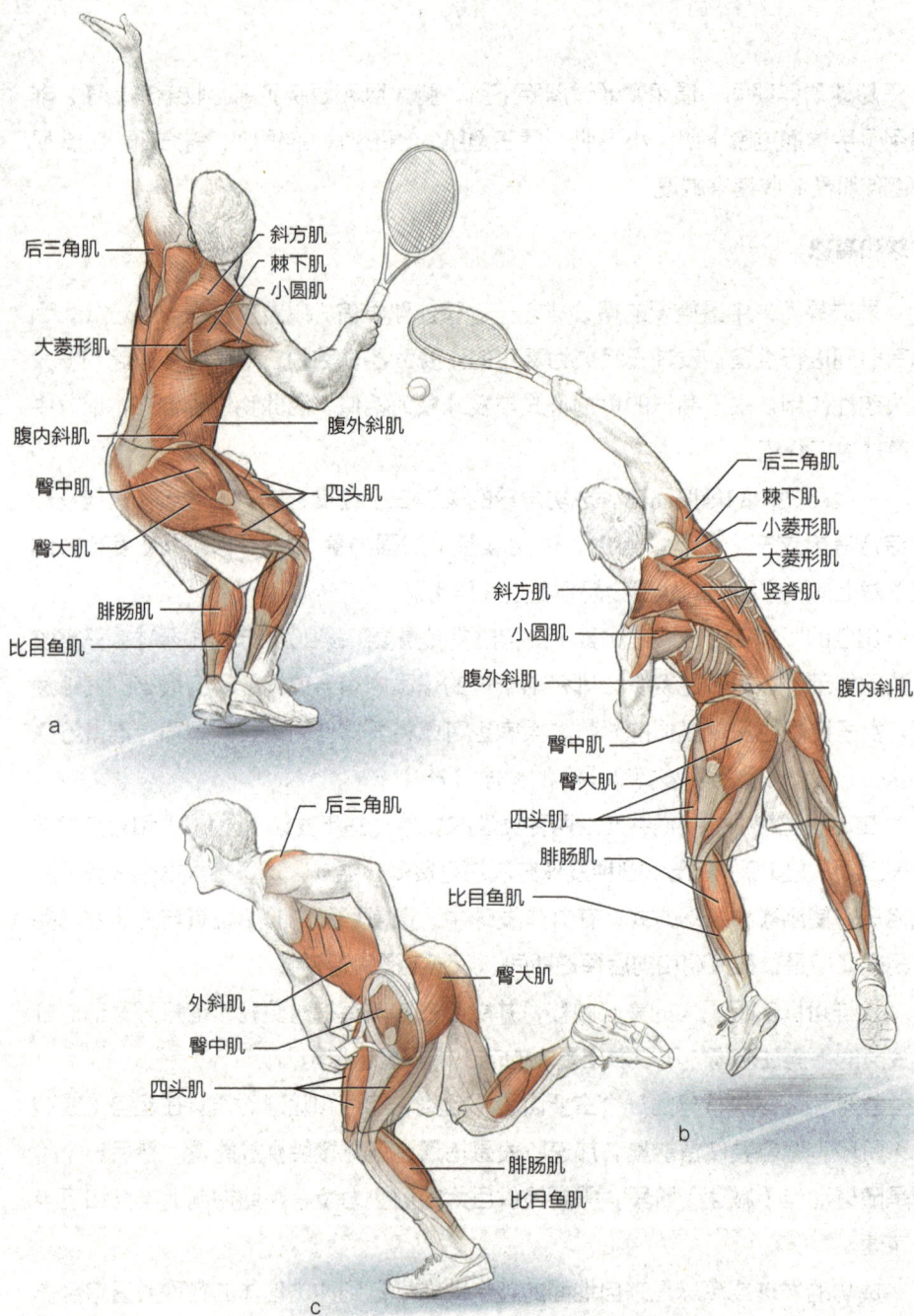

图1.8 ▶ 并步发球：(a)起势；(b) 加速；(c)随球动作

斜方肌

腹外斜肌
腹直肌
臀中肌

四头肌
腓肠肌
比目鱼肌

a

后三角肌
小圆肌
棘下肌
斜方肌
大菱形肌
腹外斜肌
腹内斜肌
臀中肌
臀大肌

四头肌

腓肠肌
比目鱼肌

b

后三角肌
小菱形肌
大菱形肌
竖脊肌
腹内斜肌

小圆肌
棘下肌

腹外斜肌
臀中肌
臀大肌
四头肌

腓肠肌
比目鱼肌

c

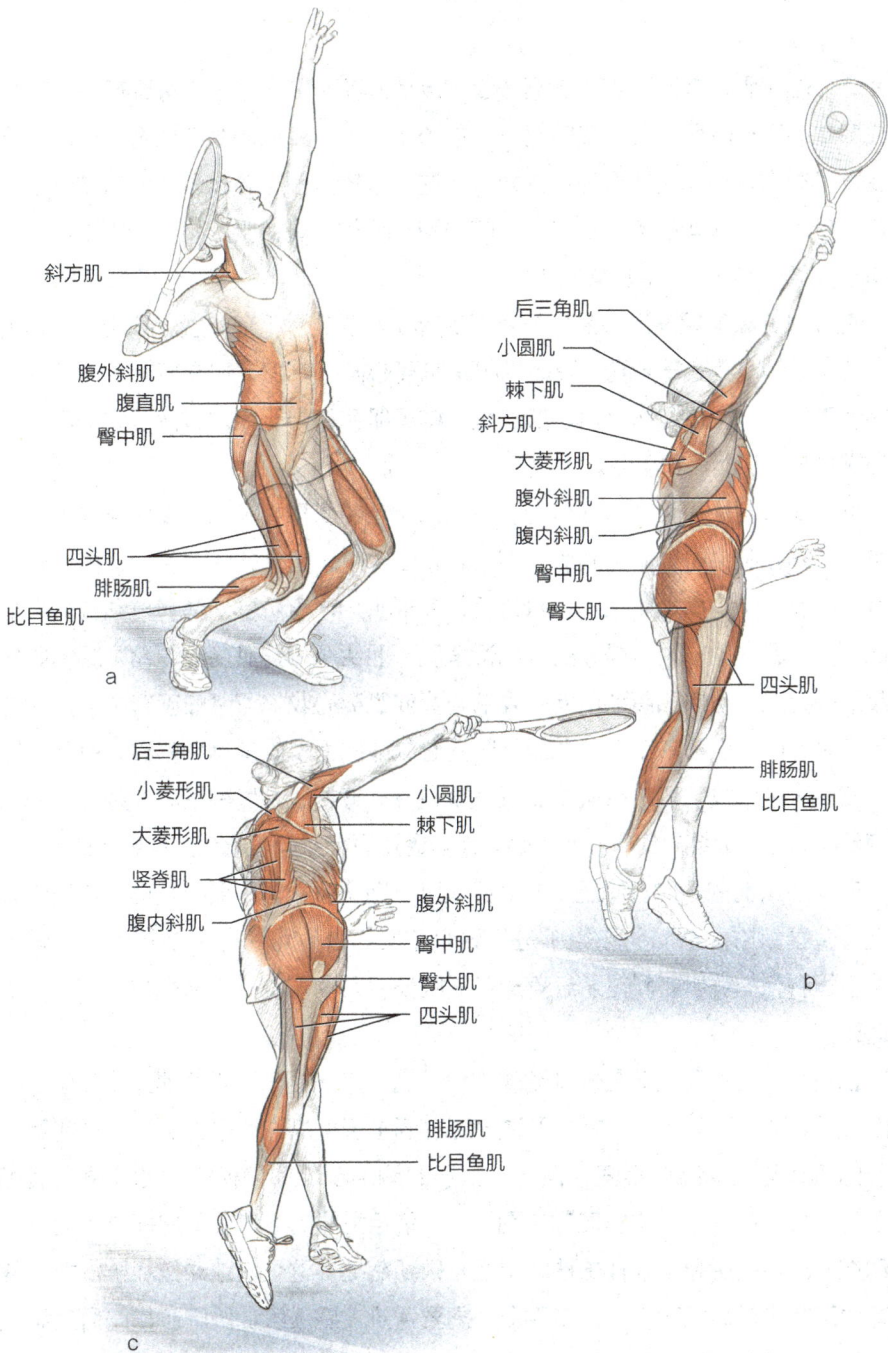

图1.9 ▶ 分步发球：(a)起势；(b) 加速；(c)随球动作

目鱼肌、四头肌、臀肌和髋关节离心收缩以提升腿部并开始进行臀部旋转。在发球或高球的这一阶段，反向旋转躯干、重心和上半身以储蓄潜在能量，最终用于完成发球动作，将能量转换为冲击力。在这一起势阶段，肩部侧屈也有助于增加潜在能量储备。这些能量将在击球之前和期间释放。腹斜肌、腹肌和躯干伸肌进行向心和离心收缩，从而旋转躯干。

在发球或高球期间进行最大外肩部旋转动作的竖起手臂阶段，惯用肩膀可能会旋转多达170度。背伸肌、腹斜肌和腹肌离心向心收缩，伸展旋转躯干。向心收缩棘下肌、小圆肌、棘上肌、二头肌、前锯肌和腕伸肌，同时离心收缩肩胛下肌和胸大肌，从而移动手臂。

此位置包含一个爆发垂直分力，可以对惯用手臂和肩膀的主要肌肉执行向心收缩。前胸和肌肉（胸肌、腹肌、四头肌和二头肌）是上臂的主要加速部位，同时身体后部肌肉（肩袖肌肉群、斜方肌、菱形肌和背直肌群）是随球动作的主要加速部位。蹬腿动作通过腓肠肌、比目鱼肌、四头肌和臀肌向心收缩及腘绳肌离心收缩来完成。腹肌和腹斜肌向心收缩与背伸肌离心收缩可弯曲旋转躯干。通过肩胛下肌、胸大肌、前三角肌和三头肌向心收缩向上及向前运动前臂。肘部伸展通过三头肌向心收缩和二头肌离心收缩来完成。背阔肌、肩胛下肌、胸大肌和前臂旋前肌向心收缩会内旋肩膀并内翻前臂。通过屈腕肌向心收缩实现腕屈曲。

在球员落地的同时，腓肠肌、比目鱼肌、四头肌和臀肌离心收缩可实现躯体减速。背直肌群、腹斜肌和腹肌进行离心和向心收缩可屈伸并旋转躯干。棘下肌、小圆肌、前锯肌、斜方肌、菱形肌、腕伸肌和前臂旋后肌离心收缩可减速上臂运动。

击打高球动作和技巧与发球动作相似。这一点在球员双脚着地完成高球（图1.10）时表现尤为突出。通常，这种高球在回击近挑高球或球首次弹回时使用。涉及的肌肉与发球完全相同；但是，由于时间限制，挥拍模式（尤其是向后挥拍）可能会略微缩短。击打高球（图1.11）采用类似的上半身挥拍模式，但下半身动作包括抬起后腿，并在击球后用另一只腿落地。这个进球动作利于发力，并且有助于在击球期间和之后保持平衡。需要臀肌、四头肌、腓肠肌和比目鱼肌进行大幅向心运动，抬腿时尤其需要如此。在腿部落地时，这些肌肉将发挥减震器（离心收缩）的作用。

后三角肌
棘下肌
大菱形肌
小圆肌
腹外斜肌
臀中肌
臀大肌
腹直肌
四头肌
腓肠肌
比目鱼肌

棘下肌
小圆肌
腹内斜肌
臀中肌
臀大肌
腓肠肌
比目鱼肌
腹直肌
腹外斜肌
四头肌

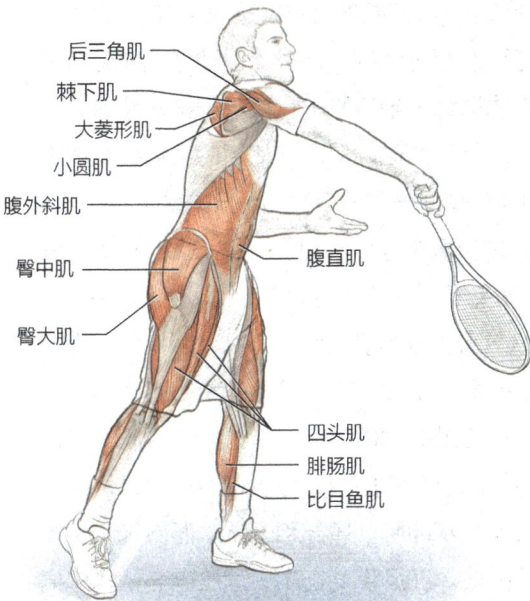

图1.10 ▶ 双脚蹬地击打高球的随球动作

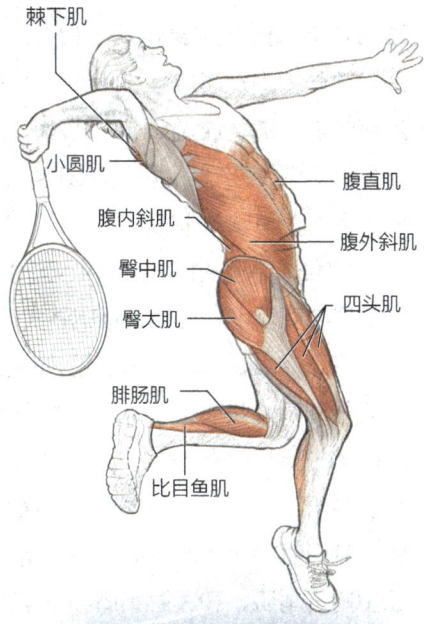

图1.11 ▶ 击打高球前的向后挥拍动作

截击

　　虽然精英球员不会像从前那样频繁上网，因为超身球已通过最新器材得到了大幅提升，截击仍然是网球运动的一个重要组成部分，对于主要参与双打的球员尤为重要。网前打法对于各级双打比赛仍然十分重要。双打比赛中的很多得分都通过出色的截击或高球来赢得。此外，随着球员逐渐适应强超身球，必将学到与网前球有关的新技能和新方法。全场型球员尤为注重进攻得分。很多非专业级运动员也不断寻找各种方式来设法击球。

　　保证具备足够的体力完成长盘赛，但逼迫对手对于比赛的输赢起着至关重要的作用。教练明白，出色的截击由手脚共同配合完成。您还必须调整适当的截击站位。因此，腿部训练或许是成为优秀截击选手最为重要的活动。全方位弓步应受到特别关注，因为这些动作是在模仿截击的球场需求。

　　由于截击需要出色的移动技能，因此腿部训练至关重要。截击需要完成与击落地球类似的下半身运动；但是，肌肉运动可能更加夸张。尤其可能要加大臀部、膝盖和脚踝屈伸幅度。此外，与对手的距离越近，许多此类动作模式的重复速度越快。需要通过离心方式和向心方式训练下半身肌肉。相较于击落地球，截击是包含短距离往后挥拍和随球动作的短距离击球，但两者使用的上半身肌肉相同。因此，随球动作的离心力对于立即成功及保护肩关节肌肉十分关键。

如果球员有时间，往往会以闭合式站位截击球（参见图1.12和图1.13）。由于挥拍幅度较小，因此此重心转移变得更加重要。跨步向前动作有助于重心转移。

在正手截击和反手截击的向后挥拍期间，腓肠肌、比目鱼肌、四头肌、臀肌和髋关节离心收缩，提升下肢并开始进行臀部旋转。转体阶段的离心收缩动作包括同侧内斜和对侧外斜，同时离心收缩会促进对侧内斜、同侧外斜、腹肌和竖脊肌。对于正手截击，肩部和上臂截面旋转向心收缩由中三角肌和后三角肌、背阔肌、棘下肌和小圆肌共同完成，随后将收缩腕伸肌。肩部和上臂截面旋转离心收缩由前三角肌、胸大肌和肩胛下肌共同完成。在反手截击中，这些向心动作和离心动作则刚好相反。

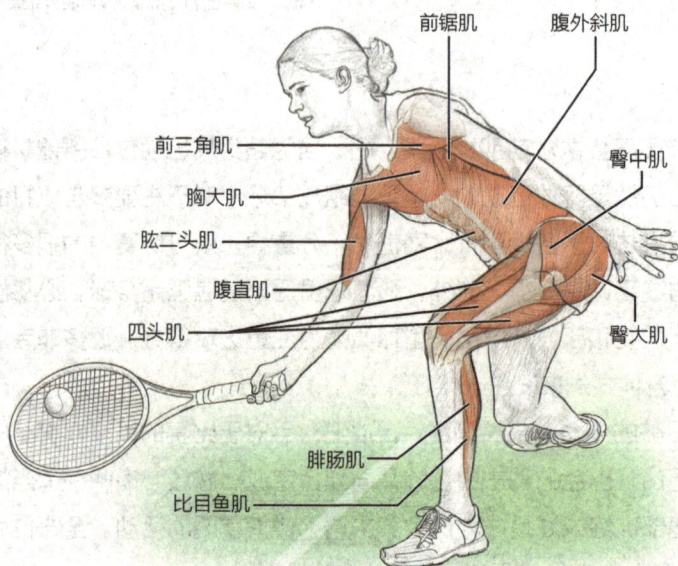

图1.12 ▶ 在接触时进行闭合式正手截击

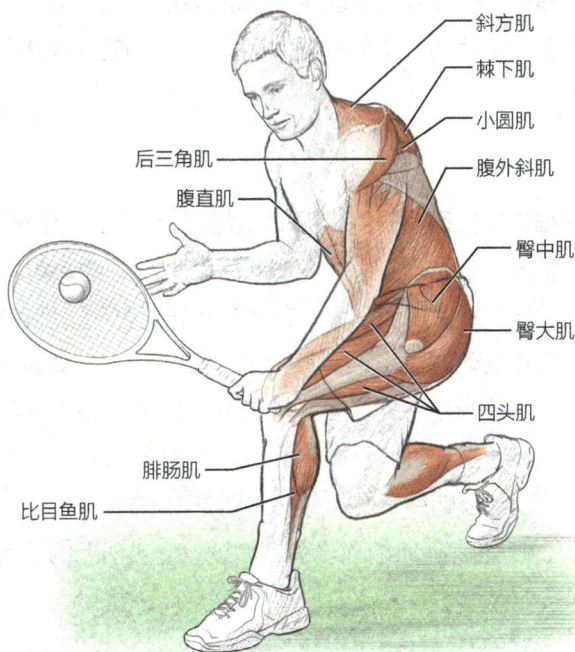

斜方肌
棘下肌
小圆肌
腹外斜肌
后三角肌
臀中肌
腹直肌
臀大肌
四头肌
腓肠肌
比目鱼肌

图1.13 ▶ 在接触时进行闭合式反手截击

在正手截击和反手截击的向前挥拍期间，腓肠肌、比目鱼肌、四头肌、臀肌和髋关节进行向心和离心收缩，提升下肢并开始进行臀部旋转。腹斜肌、背伸肌和竖脊肌进行向心和离心收缩以便转体。对于正手截击，背阔肌、前三角肌、肩胛下肌、二头肌和胸大肌均在加速阶段向心收缩，以便将球拍推向球体来完成击球。对于正手截击，上臂加速阶段通过棘下肌、小圆肌、后三角肌和斜方肌向心收缩共同完成。

在正手截击的随球动作阶段，上臂通过棘下肌、小圆肌、后三角肌、菱形肌、前锯肌、斜方肌、三头肌和腕伸肌离心收缩进行减速。反手截击期间，上臂通过肩胛下肌、胸大肌、前三角肌和二头肌离心收缩进行减速。

训练注意事项

《网球运动系统训练》针对本章介绍的肌肉提供了大量特定的网球技能练习。此外，《网球运动系统训练》还为本书以外的练习提供了指导，从而帮助大家选择其他适宜的练习来提高网球水平。认证体能专业医师将有助于您制定满足自身需求和目标的训练计划。本部分提供了一些通用的训练原则，以便帮助大家开启杰出球员之旅。

方案调整

身体可以根据训练负荷、强度、类型、数量和频率对训练负荷做出特定的调整。必须采用循序渐进的周期性方法增加训练负荷，以便持续提升水平。分期计划围绕全年训练的渐进式方法而设计。有效分期计划有助于您在重大赛事（比如俱乐部或国家冠军赛乃至美国网球公开赛）中保证身体处于巅峰状态。

人们对同一项训练计划的反应会有所不同。年龄、性别、体重、训练年限、网球训练目标和积极性都会对特定训练计划的结果带来影响。一些运动员对频率较高且强度较大的训练反响良好，而另一些则无法适应这种训练计划。观察个人对训练计划做出的反应，确保纳入恢复期以便在重要训练项目和比赛期间加大强度。

大多数训练形式的方案调整可以轻松逆转。如果不想继续开展高强度训练，将无法保持已经取得的成果，您的体能将会下降。停止训练会丧失训练带来的各种体能提升成果。通常，停止有氧训练的下降速度更快，因为这取决于氧化酶的浓度。停止训练对肌肉力量的影响相对较小，但在训练减少或受限数周后仍会下降。柔韧度也可能会迅速增减。

训练负荷和强度

为适应爆发力、速度、强度、耐力和柔韧度等训练，您必须逐步提高负荷变量使其高于当前值。但是，请务必增加适当的负荷。过快增加过高负荷可能会造成伤病或训练过度，从而导致过度劳累等长期影响。

在抗阻训练中，负荷有时被表述为个人在特定的运动期间一次可以提起的最大负载（1RM）。例如，可能是下蹲一次可以产生的重量。训练负荷可通过该值所占的百分比形式进行计算。根据训练计划的目标，可能在一次运动或多次重复时应用该负荷。如果1RM举重被禁或者不够理想，可以根据通过较轻阻力完成的重复次数估算1RM。基于3RM或5RM测算1RM的准确度相近。强度往往通过1RM的阻力百分比进行测算和跟踪。使用负荷（强度）呈现60%到100%的

1RM。在一年当中的几个时期内，训练负荷强度可能接近100%，但这种情况只会短期持续，作为结构化分期训练计划的一个环节。

不同的强度需要做出不同的调整。大部分时间（占1RM训练时间总量的60%到80%）整体训练量较大的运动员肌肉膨胀较大（即肌肉量增加）。要提升绝对力量，训练强度需要超过1RM训练的80%，同时需要保证较长的休息期和较低的整体训练量。要提升肌肉耐力，训练强度则应低于1RM训练的60%。

训练量

训练量通常描述为训练集和每个训练集完成的重复动作数量。训练刺激量类似于有氧训练计划的持续时间。总负荷与阻力训练计划的很多方面息息相关。虽然初学者可能通过包含特定数量重复动作的单一训练组获得提升，但持续提升则需要加强整体负荷。

为实现最大幅度的提升，请完成大部分练习的2到3个训练组。每个训练组完成的重复动作量和运用的阻力水平取决于特定训练阶段的目标。一条经验是完成包含6个或以下重复动作的2到4个训练组可提升力量，训练8到15个重复动作可增加肌肉，训练15到30个重复动作可加强肌肉耐力。通常，网球运动员采用的训练不得超过20个重复动作/训练组，也不得少于6个重复动作/训练组，从而适当提升力量和耐力。

训练频率

训练频率是需要针对球员个人进行调整的部分。初学者可通过每周参加两个训练项目进行提升。高级运动员通常需要参加更多的训练项目，以便根据需要适应训练负荷。每周训练2到3次类似肌肉组织。锻炼同一主要肌肉组织的两个训练项目之间包含至少24小时的恢复时间。

休息

休息往往是训练计划中最容易被忽视的一个环节，但它可以最大限度地提升体力及降低伤病风险。短时间训练（即10到60秒活动）后，需要大约3分钟即时储备能量。大家在根据能量系统开发情况制定培训计划时需要明白这一点。神经系统恢复同样重要，并且通常难以测量和监控。尽可能快速奔跑90秒钟后，将会明显感到疲劳。这是代谢（即能量系统）疲劳。如果从18英寸（46厘米）高的盒子上进行几次深跳，就不会感到同等的疲劳度，但会触发不同的疲劳机制和主要神经机制。两种情形都需要进行恢复，但由于可能会感到疲劳，因此可能无法为第二个训练预留足够的恢复时间。

练习间歇休息时间取决于练习计划的顺序。如果下一项训练利用不同的肌肉组织，休息时间可以短一些。如果在下一训练组中训练同一肌肉，训练间歇休息时间应等同于训练组间歇时间。如果训练目标是增加肌肉量，训练组间的间歇休息时间为30到90秒。如果希望加强绝对力量，则需要将训练组的间歇休息时间增加到2或3分钟甚至更长。如果需要增加肌肉耐力，则减少休息时间（小于30秒）。

调整和进展

调整包括负荷、移动速度、休息时间和练习项目选择变动。若不进行相关调整，运动员可能会经历训练停滞期，或许还会导致训练不足或训练过度。

负荷调整应根据长期发展目标和目的定期进行。例如，要尽量加强力量，您的计划应当先设置肌肉训练阶段再完成力量训练阶段。要提升爆发力，您的计划应当遵循肌肉训练阶段、力量训练阶段到爆发力训练阶段的渐进过程。如需深入了解训练周期，请参阅*Periodization: Theory and Methodology of Training*（作者：Tudor Bompa和G. Gregory Haff；Human Kinetics，2009年）。

日常计划组织

除训练计划的整体训练周期影响之外，还提供了一些特定的日常训练计划组织方法。日常训练计划设计不仅依赖于您的训练年限、目标、积极性、打法、生活方式、其他职务及其他各种因素，还依赖于训练目标类型和可供支配的训练时间。目前有若干日常计划设计方法。

全身例行训练往往由初学者采用，但也可以作为高级运动员或训练时间有限的球员的有效例行训练方法。将身体划分为下半身、重心和上半身。而后，又在这三个大区域中对身体进行了进一步的划分。上半身练习包括压动，头上压动、拉动和头上拉动。重心练习侧重弯曲、伸展和旋转运动。下半身练习包括下蹲和弓步，同时侧重踝关节跖屈和背屈。重复全身计划，每周不超过4次，训练项目间歇至少休息一天。通常，每周抽出三天训练来提升体能，同时每周抽出两天来保持力量。

另一种方案是上下半身训练两天，然后休息一天。在这种组织形式中，身体被分为两组：上半身和下半身。这种计划设计方法更适合具有一定训练经验的人群。第一个训练日训练上半身，第二个训练日训练下半身。核心训练可能是各身体部位或构建单独的训练项目。但是，考虑到几乎每一项体能练习都需要练习重心，几乎所有场内外运动都会训练重心。训练方法：一天训练、一天休息，然后再次开启训练周期。这样可确保获得充分的休息，避免损失潜在的训练成果。

网球专项训练可通过多种不同的途径来完成。系统化方法（提供分期训练计划和适当的网球专项运动）将可实现最出色的成果，改善场上表现并降低伤病风险。开展《网球运动系统训练》介绍的练习，这将有助于您改善场上表现及避免伤病。

肩部

对于网球运动员而言，肩膀可能是身体最重要的一个关节。肩膀不仅是提升球技的一个主要的重点部位，还是网球运动员最常见的一个受伤部位。肩关节又称盂肱关节，是一个多轴球状关节。这使得它成为身体最重要的一个活动关节，可以完成大幅度的关节运动。对于网球运动员而言，这是一个明显的优势，因为这项体育运动需要在多个方向运动，包括伸展来击打离身落地球、使用弓步进行低位截击和跳起来以击打高球。这种多方位大范围的关节运动虽然有益，但也造成了关节相对不稳定。因此，网球运动员因过度运动而使肩关节受伤的情况很常见。本章的训练不仅可以锻炼肩部肌肉，还可以加强肩部运动以提升球技。

肩关节解剖

这三块骨（肱骨、肩胛骨和锁骨）是肩关节运动主要调动的骨关节。肱骨是最长的上臂骨，与肩胛骨组成肩关节，与尺骨和桡骨（前臂骨）构成肘关节。锁骨通过胸骨连接到身体核心。锁骨与肩胛骨相连，是肩胛带的一部分。当肩关节活动时，肩膀周围的肌肉会移动肩胛骨来帮助增加肩膀的运动范围。肩胛骨不动，肩关节只能屈曲或外展约120度。肩胛骨活动使肩关节在各个方向的运动增加约60度。

大量的肌肉参与肩部运动。肩胛下肌、棘上肌、棘下肌、小圆肌及其相关肌腱和韧带形成了旋转袖（图2.1，第31页），这是肩膀最容易受伤的一个部位，它与过劳性损伤有关（第10章将详细介绍肩关节损伤和其他常见的网球运动损伤，以及预防和恢复这些损伤的训练）。旋转袖是相对较小的肌肉群，其肌腱包围在肱骨周围（前方、上方和后方）。这些肌腱将肱骨头稳定于肩胛盂，对维持肩部更强大的肌肉（三角肌，图2.2，第31页）正常运动起着极其重要的作用。

前视图

胸锁乳突肌

头夹肌

斜方肌

小菱形肌

大菱形肌

肩胛下肌

棘上肌

棘下肌

小圆肌

大圆肌

背视图

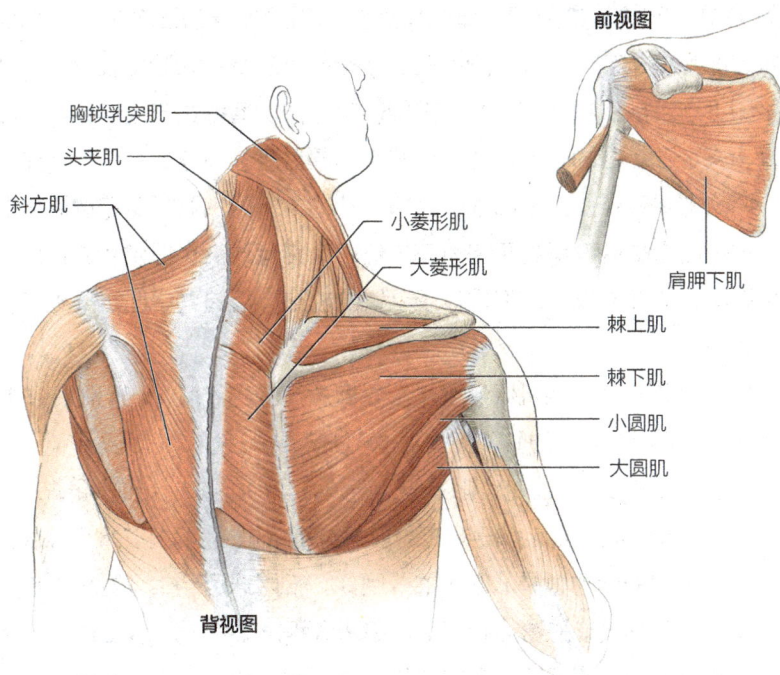

图2.1 ▶ 肩胛骨和旋转袖肌群

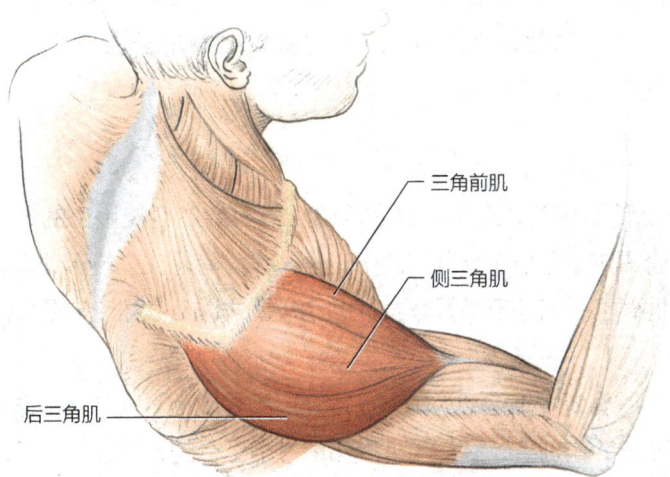

三角前肌

侧三角肌

后三角肌

图2.2 ▶ 三角肌

确切的说，肩关节由控制肱骨、肩胛骨和锁骨位置的四个关节（胸锁、肩锁、盂肱、肩胛胸关节）组成。胸锁关节连接肩关节复合体和中轴骨，可让锁骨做出上提和下压、前引和后缩以及长轴旋转等动作。肩锁关节连接着锁骨和肩胛骨的肩峰，决定了上肢的全部运动。当肱骨伸展且肩关节弯曲和延伸以做出滑动动作时，两个主要动作是上提和下压。肩关节的关节面由肱骨头和肩胛骨的肩臼组成。这种弯曲方式既考虑到了在所有方位的大量运动，也提供了最低限度的稳定性。肩胛胸廓关节不仅可以保护伸展手臂的放松，还有助于固定肩关节，增强手臂的运动。

三角肌、喙肱肌、大圆肌以及旋转套是肩关节的内在肌，它们源于肩胛骨和锁骨，并插入在肱骨中。背阔肌和胸大肌是肩关节的外在肌，它们源于躯干并插入在肱骨中。肱二头肌和肱三头肌也都参与了肩关节运动。肱二头肌主要协助肩膀的弯曲和水平内收，而肱三头肌的长头主要协助肩膀的伸展和肩关节水平外展。

发球时，肌肉的活动量是非常大的。因此，在网球运动中，发球被认为是最剧烈的击球动作。在发球的蓄势瞬间，肩膀最大程度地外旋，棘上肌、棘下肌、肩胛下肌、肱二头肌和前锯肌呈现较高的肌肉活动，这突显了肩胛骨稳定性训练和前后旋转袖力量训练的重要性。在发球加速阶段，从肩膀最大程度地外旋开始，以接触球结束，胸大肌、肩胛下肌、背阔肌和前锯肌呈现高肌肉活动。在强有力的向心肱骨内旋过程中，这些肌肉是非常活跃的。在接触球后的随球动作阶段，后旋转袖肌群、前锯肌、肱二头肌、三角肌和背阔肌呈现出较高的活跃性，有助于促进离心肌肉收缩来放松肱骨并保护肩关节。

击球和肩部运动

对于网球运动员而言，肩膀是最常用的（有时会过度使用）的一个身体部位。这使得肩膀常常成为最容易受伤的部位之一，尤其是在竞技网球运动中。除了肩膀的反复性要求，网球还需要爆发性的动作模式以及高强度的最大向心和离心肌肉运动。

击打落地球以肩膀水平运动为主，使用外展和外旋相结合的方式进行正手向后挥拍和反手随球动作训练，并使用外展和内旋相结合的方式进行正手向前挥拍和反手向后挥拍的训练。

网球发球是一个比较复杂的包含水平运动和垂直运动的组合序列。在向后挥拍期间，肩关节进行水平外展和外旋；在蓄势阶段，肩胛骨收缩并下压。在准备击球阶段，肩胛骨上提、肩关节水平外展和肩关节伸直使得移动手臂向前接触球。肩关节内旋转、伸直和内收会完成随球动作。在所有的网球运动中，旋转袖肌群在稳定肩胛骨方面起着至关重要的作用，但在发球的加速和随球动作阶段中它们非常关键（图2.3）。旋转袖肌群在发球加速时加力，而在接触球后的随球动作中提供离心力来帮助放松手臂。有报告称，在爆发性的内旋发球中，肩膀的旋转速度可以达到每秒1024至2300度。接触球之后，通过旋转袖及相关肌肉组织

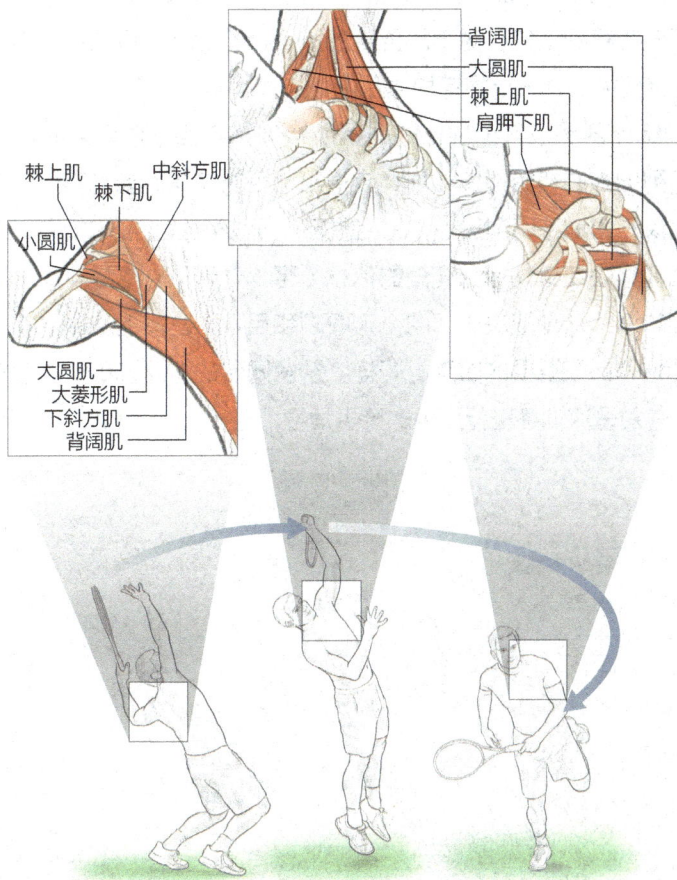

背阔肌
大圆肌
棘上肌
肩胛下肌

棘上肌　中斜方肌
棘下肌
小圆肌
大圆肌
大菱形肌
下斜方肌
背阔肌

图2.3 ▶ 发球期间肱骨头的变化

的离心力来减速。在职业比赛中，男选手的发球时速接近每小时140英里（225公里/小时）。因此，充分训练肩部肌肉非常重要。

网球截击与击落地球或发球相比需要更少的肌肉和关节运动。对于正手截击而言，肩膀先轻微外旋和内收，然后外展，从而完成击球动作。而反手截击包含轻微的内旋和外展，然后是肩部的轻微外旋和内收。

肩关节训练

按照这种方法进行训练对肩关节有好处。具体地讲，会使肩关节周围的肌肉更加强健结实，这样既可以防止受伤，又可以提升球技。进行此类训练时，收缩核心肌群可以形成强壮的上腹部。这将有助于平衡和保持身体姿势，以及在击球时力量从下肢转移到上肢。对于需要手握弹力带的训练，可利用缆索拉器或者把手握弹力带直接绑到一个固定物体上。

虽然训练计划是极其个性化的，但所有训练包含一些通用的指导原则。例如，包含下列训练的初始训练计划，应恰当地平衡身体的前侧和后侧以及左右两侧。我们建议开始训练两到三组，每组重复10至12次，直到您拥有一个坚实的基础。训练期间务必使身体得到充分的休息（至少一天），这样有助于肌肉恢复。当然，最好的训练计划取决于您的个人需求和目标。基本的健康水平、年龄、经验和比赛计划等都是重要的因素。同样，了解网球的体能训练认证专家可帮助设计训练计划并对每次训练进行正确的技术指导。

哑铃前平举

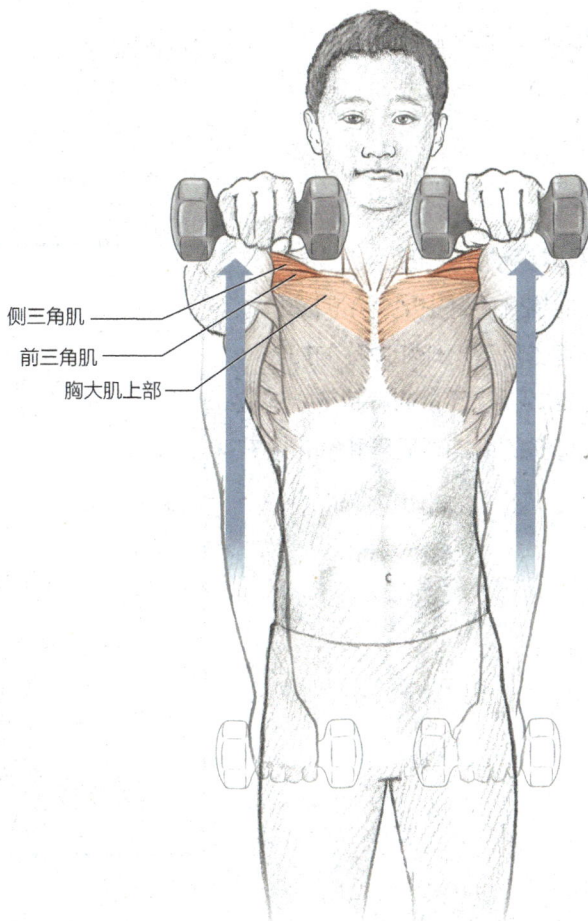

侧三角肌

前三角肌

胸大肌上部

进行步骤 »

1 挺胸站直，两侧肩胛骨。双手各握一个轻哑铃（少于10英镑，4.5千克）。双手置于大腿前，手掌在下。这是起始位置。

2 手臂伸直，将手臂举至肩膀的高度，掌心向下。手握哑铃，保持2秒钟。

3 慢慢放下手臂回到起始位置，重复上述动作。

参与的肌肉 》

主要肌群：前三角肌和侧三角肌
辅助肌群：胸大肌上部

🏃 网球训练要点 》

　　肩膀前方是网球运动员在正手击打落地球
（特别是接高球）时提升手臂主要调用的部位。
因为此部位直接影响击打落地球和发球的加速，
所以训练此部位非常重要。乏力的肩膀前方部位
（包括肱二头肌和胸肌的肌肉、肌腱和韧带）在
运动时可能会受伤。

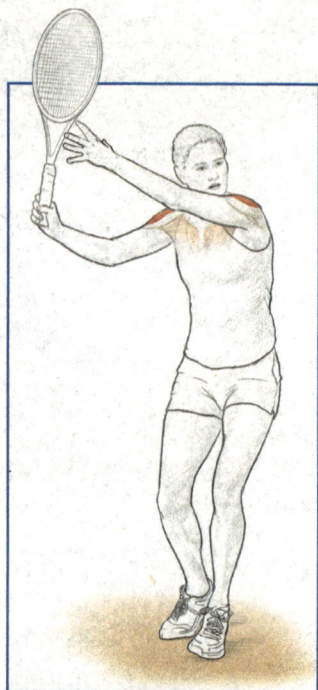

哑铃侧平举

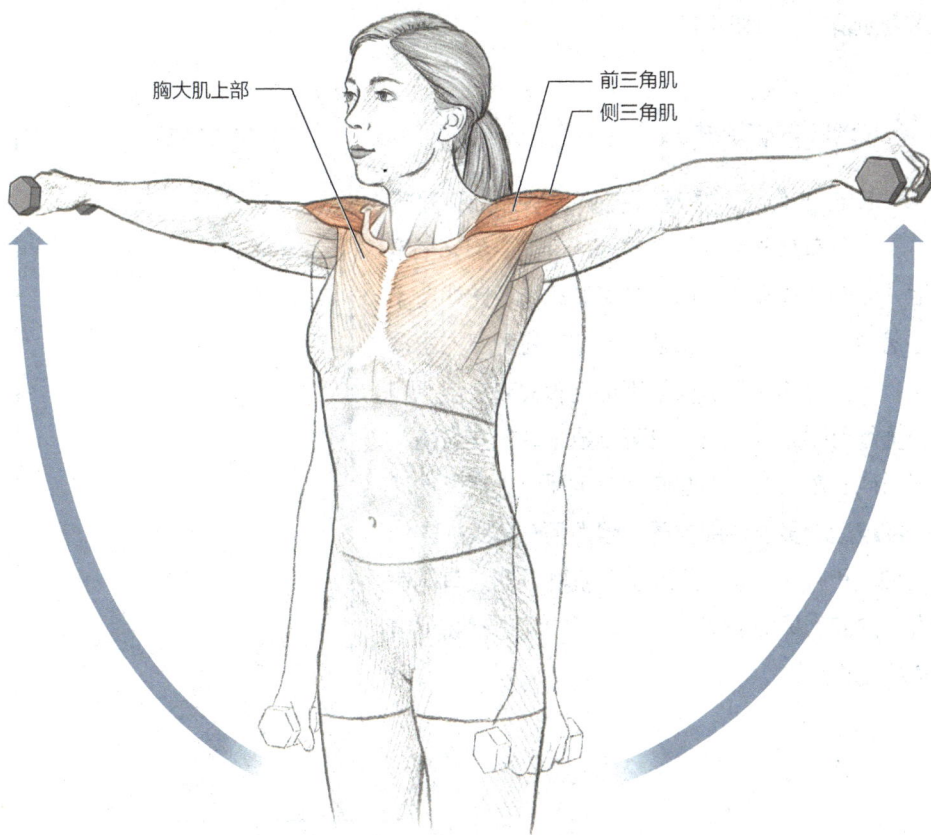

胸大肌上部

前三角肌

侧三角肌

进行步骤 »

1 挺胸站直，两侧肩胛骨向后。双手各握一个轻哑铃（少于10英镑，4.5千克）。双手放在大腿两侧，掌心朝向大腿。

2 手臂伸直，双手侧举至肩膀的高度（外展）。手腕用力，手臂伸直，保持2秒钟。

3 慢慢放下手臂回到起始位置，重复上述动作。

参与的肌肉 »

主要肌群： 前三角肌和侧三角肌
辅助肌群： 胸大肌上部

🎾 网球训练要点 »

　　肩部的侧面（特别是侧三角肌的侧面部
分）在所有需要手臂外展的网球运动中都非常重
要。此动作是网球击球中常见的动作，比如反手
击落地球、向后挥拍和随球动作。在网球的击球
中，尽管旋转袖肌群有助于稳定肩关节，但是拥
有强壮且耐疲劳的三角肌可以更好地保护肩膀。
同时侧三角肌对于那些使用单手反手击打落地球
的网球运动员也特别重要，因为侧三角肌是击球
的加速和减速阶段调用的主要肌群。侧三角肌在
发球的向后挥拍期间和手臂外展方面也起着非常
重要的作用。

俯身哑铃抓举

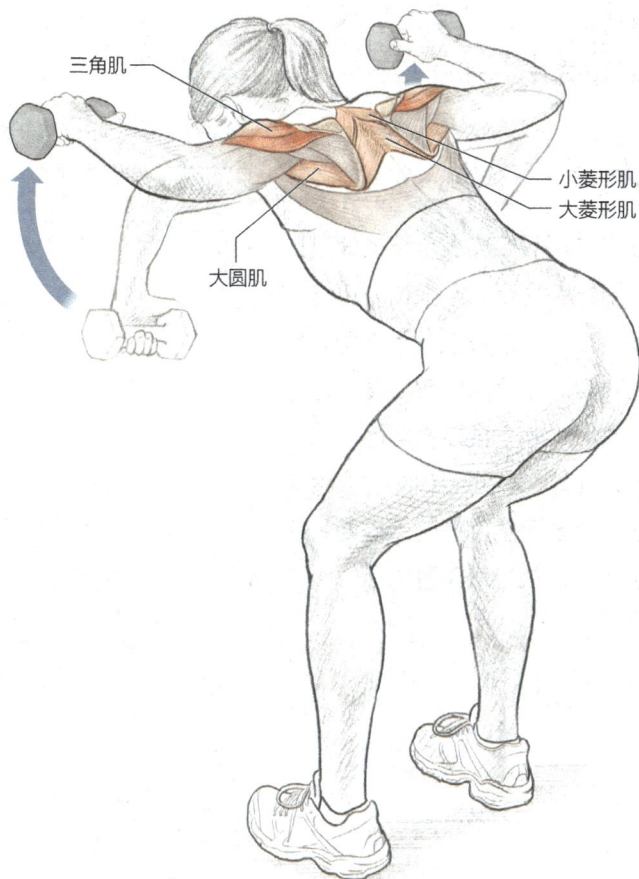

三角肌

小菱形肌
大菱形肌

大圆肌

进行步骤 »

1 站立，两脚分开与肩同宽。膝盖微微弯曲，腰部弯曲，同时保持背部挺直。双手各握一个轻哑铃（少于10英镑，4.5千克）。向下舒展手臂，双手握紧。手指关节朝向地面，手肘弯曲约90度。

2 肘部弯曲约90度，握紧哑铃，慢慢抬起前臂至肩膀高度，保持2秒钟。

3 慢慢放下手臂回到起始位置，重复上述动作。

参与的肌肉 »

主要肌群：三角肌
辅助肌群：大圆肌、大菱形肌和小菱形肌

🏃 网球训练要点 »

    肩膀后方在击球后起着减缓手臂的速度的作用。所有击球动作都会用到此部位，但它在发球后的手臂减速方面发挥的作用最大。因此，拥有强健的肩膀后方肌肉非常重要。这将有助于在运动中发力，还会直接影响反手击打落地球。在移动到顶部时收拢（收缩）肩胛骨，这在很大程度上激活了菱形肌，有助于锻炼适当的肩胛骨控制并防止肩部受伤。

肘到臀的肩胛骨后缩运动

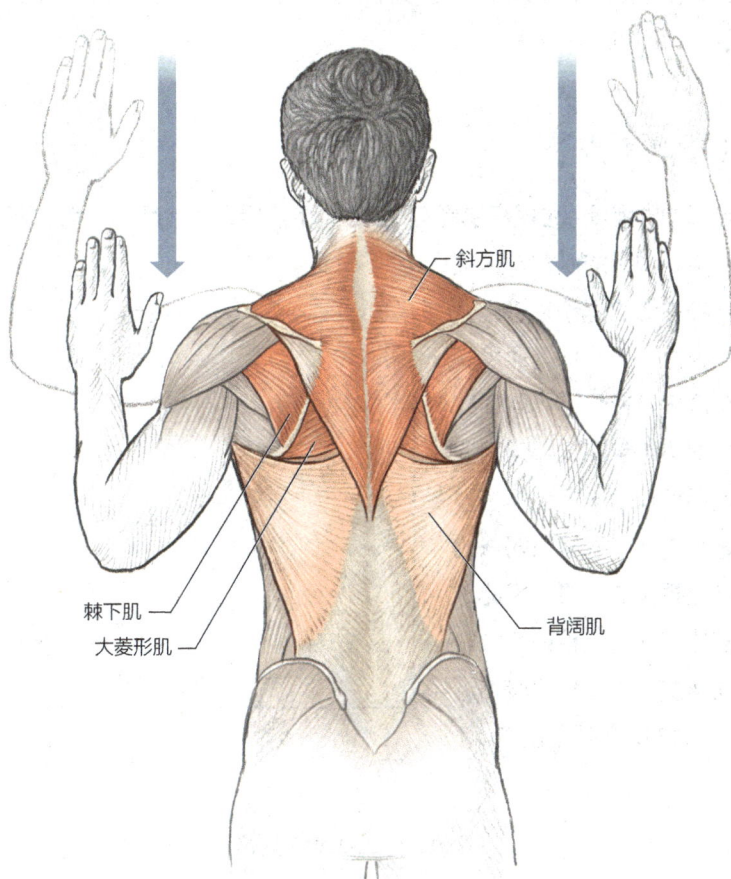

斜方肌

棘下肌
大菱形肌

背阔肌

进行步骤 »

1 站立，双脚分开与肩同宽，膝盖微微弯曲，肩膀保持90度角，肘部保持90度角。这是起始位置。

2 向上背部收缩菱形肌，让手肘慢慢向臀部方向移动。在移动的底部保持2至4秒。

3 慢慢放下手臂回到起始位置，重复上述动作。

参与的肌肉 »

主要肌群： 斜方肌、棘下肌、大菱形肌和小菱形肌
辅助肌群： 背阔肌

🏃 网球训练要点 »

　　运动员的肩胛骨部位很容易受伤。肘到臀的肩胛骨后缩运动的重点是保持良好的肩胛骨位置所调用的肌群。这项训练是一种主要的运动姿态且尤为重要，因为许多网球运动员的肩胛骨肌群不是很强健。此训练的重点是增强稳定肩胛骨调用的肌群，这不仅有助于预防损伤，还能更好地击球，从而在网球的击球中产生更大的力量。因此，除了改善体态外，这种训练方法还能调动与发球的蓄势阶段和近距离的正手截击球相同的肌肉。

外旋

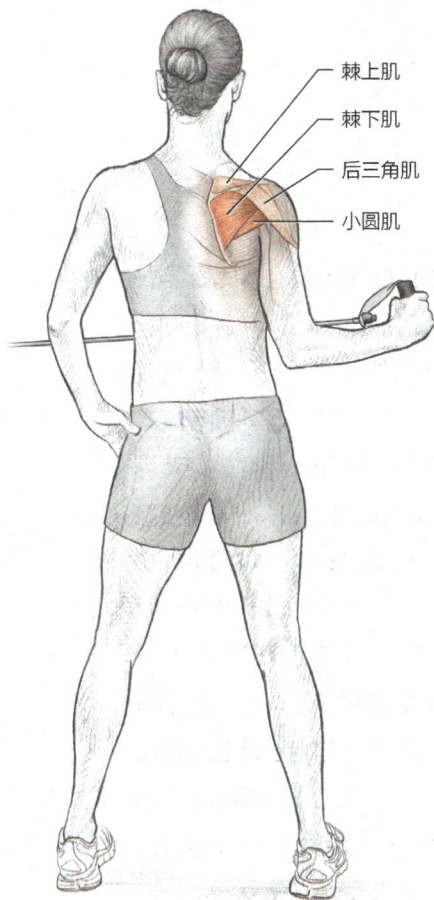

棘上肌
棘下肌
后三角肌
小圆肌

进行步骤 »

1 侧身站立，使用外侧的手握住拉力器，靠近臀部的手肘保持90度角，前臂保持与地面平行。这是起始位置。

2 慢慢向外旋转肩膀（远离身体的方向），克服来自拉力器的阻力，并确保前臂与地面平行。在移动期间，保持肩部不动，并且不能旋转腰部。同时在移动快结束时保持2秒钟。

3 慢慢放下手臂回到起始位置，按以上的步骤重复做10到12次。然后，换另一只手臂做相同的动作。

参与的肌肉 »

主要肌群： 棘下肌和小圆肌
辅助肌群： 棘上肌和后三角肌

网球训练要点 »

　　旋转袖的力量和耐力对赢得网球比赛至关重要，无论您想要以每小时130英里（210公里/小时）的速度发球，还是能够在不感到疲劳或受伤的情况下完成三个小时的比赛。定期训练旋转袖肌群可以防止受伤并提升球技。手臂外旋转训练的重点是外旋肌，而且外旋肌在球拍与球接触后，对于手臂减速非常重要。在大多数网球的击球方法（包括正手向后挥拍）中，外旋是一个至关重要的因素。我们知道，在向后挥拍时，手臂向外伸展。在正手球的随球动作阶段，拥有强健的肩膀有助于将储存在身体里的潜在能量释放出来。因为这种训练方法是在横向平面完成的，所以它有助于在击打落地球后减缓手臂的速度。利用恰当的力量有效地减缓手臂的速度，对于防止肩膀和手臂受伤非常重要。

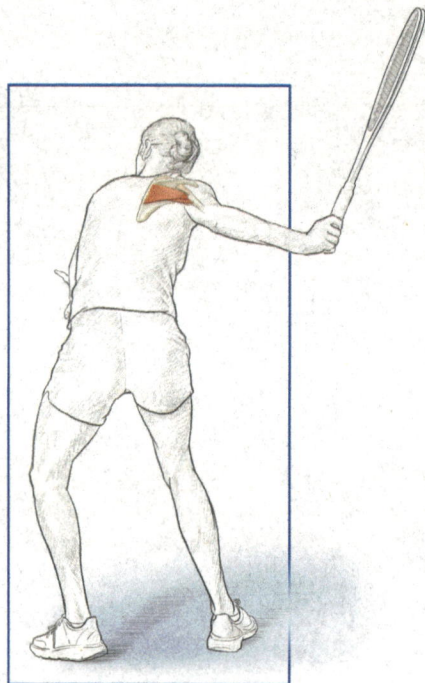

变化动作 »

在外旋训练期间，在手肘和身侧之间放一条毛巾。这不仅可以保持良好的训练动作，还能降肩膀后方的肌群（棘下肌和小圆肌）活动率增加约20%。

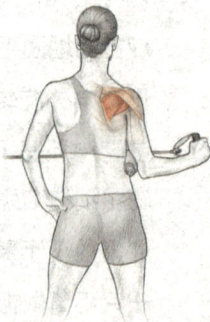

90/90外展外旋运动

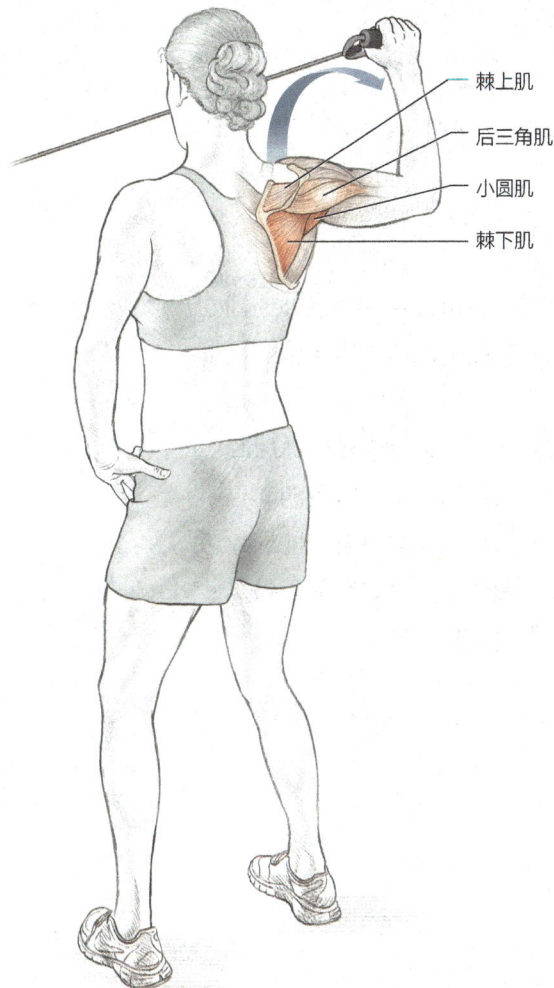

棘上肌

后三角肌

小圆肌

棘下肌

进行步骤 »

1 身体站直，双脚分开与肩同宽，面对拉力器。将拉力器拉至与肩膀同高，并将肩膀和肘部保持为90度角。这是起始位置。

2 以与手握弹力带相反的方向外旋肩膀。开始时，前臂与地面平行，在移动到顶部时与地面垂直（肩部外旋）。同时在移动快结束时保持2秒钟。

3 慢慢放下手臂回到起始位置，按以上的步骤重复做10到12次。然后，换另一只手臂做相同的动作。

参与的肌肉 »

主要肌群：棘下肌和小圆肌
辅助肌群：棘上肌和后三角肌

🏃 网球训练要点 »

　　类似于外旋训练，90/90手臂外展外旋训练的重点是外旋肌，它在击球后减缓手臂的速度方面起着非常重要的作用。因为这种训练是在径向平面完成的，所以它可以改善击球后减缓手臂速度的能力。在发球的蓄势阶段的向心收缩期间，这种训练方法也非常重要。此训练需要有很高的肩关节囊稳定性，这有助于强化发球后用于减缓手臂速度的肌肉。

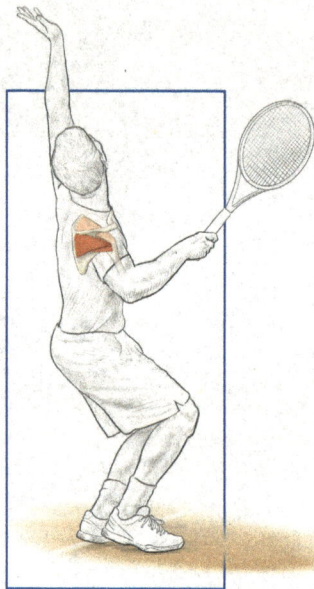

90/90外展内旋运动

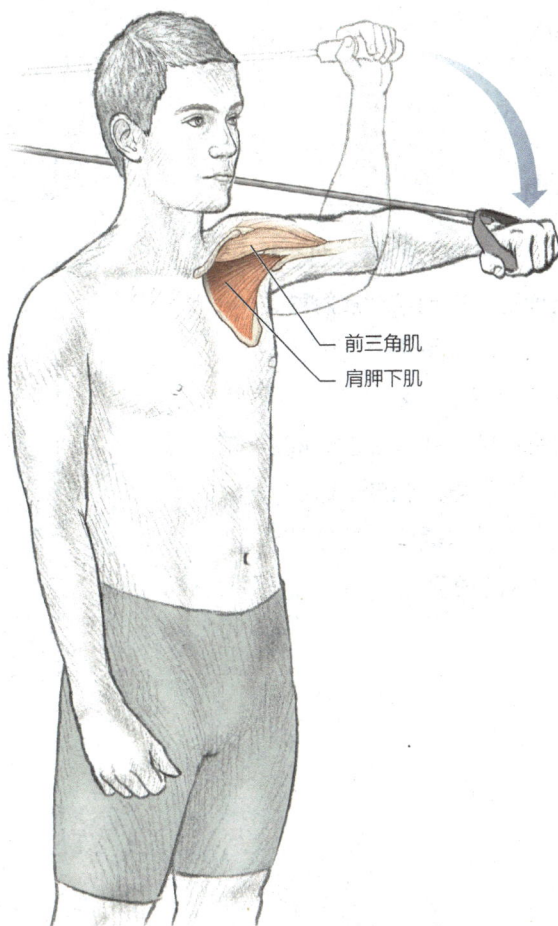

前三角肌

肩胛下肌

进行步骤 »

1 身体站直，双脚分开与肩同宽，背对拉力器。将拉力器拉至与肩膀同高，并将肩膀与肘部保持为90度角。这是起始位置。

2 以与手握弹力带相反的方向慢慢地内旋肩膀。开始时，前臂与地面平行，但在移动到底部时与地面平行。同时在移动快结束时保持2秒钟。

3 慢慢放下手臂回到起始位置，按以上的步骤重复做10到12次。然后，换另一只手臂做相同的动作。

参与的肌肉 »

主要肌群： 肩胛下肌
辅助肌群： 前三角肌

网球训练要点 »

    在网球运动中，拥有强壮的旋转袖非常重要，特别是在击球前和球拍与球接触时。90/90外展内旋训练方法侧重于提高固定双肩所需的小型肌群的稳定性。因为这种训练方法是在径向平面完成的，所以在发球的蓄势阶段它可以提高了此肌群的强度。因此，在发球的接触球和随球动作期间，这项训练将会大大提高球员发球的速度。

低拉力

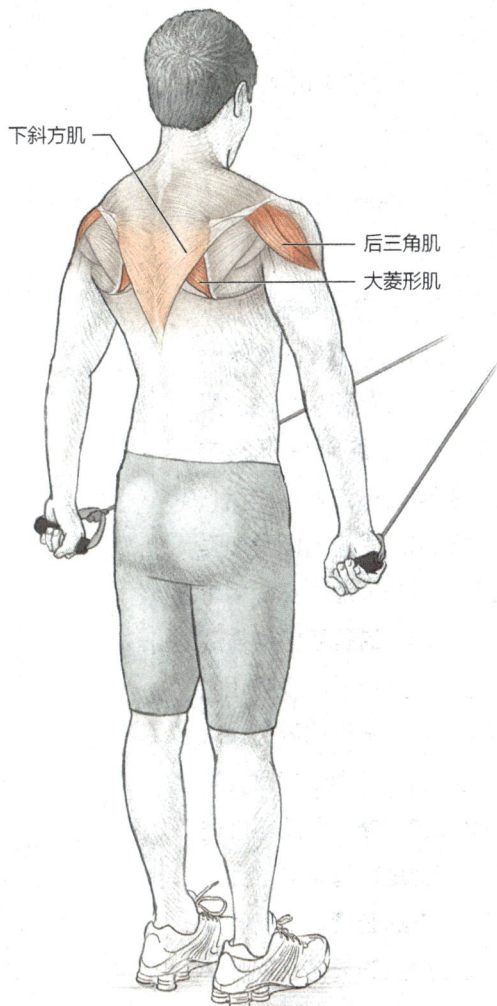

下斜方肌

后三角肌

大菱形肌

进行步骤 »

1　身体站直，面对拉力器。手臂放在身前较低的位置，双手各握一个阻力管。通过收拢肩胛骨刺激菱形肌。

2　手臂伸直，手臂施力抵抗阻力。固定手腕，同时在移动快结束时保持2秒钟。

3　慢慢放下手臂回到起始位置，重复上述动作。

参与的肌肉 »

主要肌群： 后三角肌、大菱形肌和小菱形肌
辅助肌群： 下斜方肌

网球训练要点 »

网球运动员在他们的肌肉开发方面必须保持完美的平衡。低拉力训练主要关注平时训练不足的部位，比如在上背部和后肩的肌肉（后三角肌、菱形肌、甚至是下斜方肌）。在强有力地击打落地球或发球之后，这种低拉力训练有助于防止受伤，以及加强重要的肌肉用于帮助上半身减速。在使用单手和双手反手的加速阶段，这些肌肉也很活跃。低拉力训练的另一个好处是改善静止时的肩胛骨位置和肩膀姿势。适当的姿势大大减少了肩膀和胸部肌肉前方肩胛肌症候群发生的可能性，比如有关的疼痛、气闷或虚弱等。肩胛肌症候群（特别是在肩膀的前面）容易导致疼痛并降低击球的速度。长期肩胛肌症候群可能会导致更严重的损伤，最终必须通过手术才能康复。因此，改善肩膀的姿态对预防这些损伤非常重要。

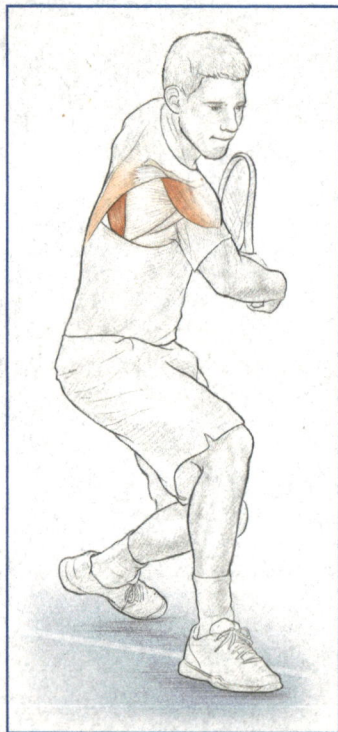

手臂和手腕

网球运动员从地面生成反作用力，这些力量依次通过腿部、臀部、躯干、肩膀、手臂和球拍，形成一个相互关联的系统。这样的动态链或动力学链，不仅提供了节律运动，同时也产生了力量。对于网球运动员，通过手臂和手腕将下半身和躯干与球拍紧密联系在一起，这是与球接触之前的最后一个环节。如果手臂和手腕的力量不强或者不灵活，那么通过下半身和核心肌群产生的力量就不能有效地转移到球上。这会导致击球和球飞出后旋转力量减小。

手腕和手臂解剖

手肘把手臂分为上臂和下臂两个部分。手肘是一个铰链关节，可进行两项活动：伸展和屈伸。将手臂从90度角伸直时就是手肘伸展。肘关节屈曲是相反的；带动前臂使其靠近上臂，可以减小肘部屈曲的角度。肱骨头是连接手肘和肩膀的骨头。下臂通常称为前臂，由桡骨和尺骨支撑着。

主要肘屈肌指的是肱二头肌和肱肌（图3.1）。肱二头肌有一长一短两个头，这两个头都穿过肩关节与肩胛骨连接。除了肘屈肌，肱二头肌也有助于前臂后旋，这是手掌朝上翻时手臂的姿势。当手掌朝下翻时，手臂进行的是前旋运动。肱肌位于肱二头肌的下面，源于肱骨的中间位置。在它从头向前传到肘关节后，就连接到了尺骨。有时小型肌肉肱桡肌也有助于肘屈曲。肱桡肌来自肱骨（位于手肘的上方）的外侧部分，它沿着前臂的外侧部分连接到桡骨（位于腕关节的上方）。

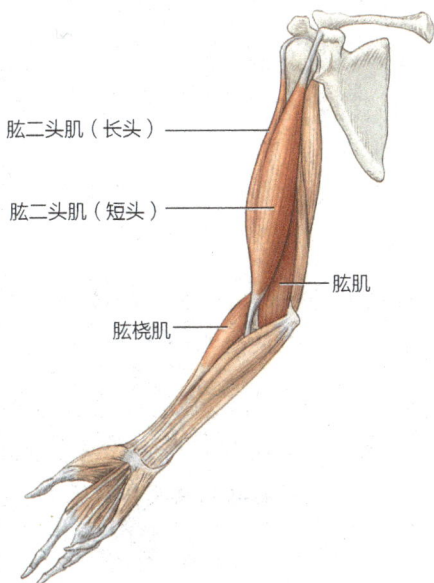

肱二头肌（长头）

肱二头肌（短头）

肱肌

肱桡肌

图3.1 ▶ 肱二头肌、肱肌和肱桡肌

主要肘伸肌指的是肱三头肌（图3.2）。肱三头肌是指肌肉近端附着的三个头，头是指它来源于手臂。肱三头肌的内侧头和外侧头附着在肱骨上，而长头穿过肩关节附着在肩胛骨上（肩膀）。这三个头结合起来形成肌腱，肌腱穿过肘关节后面，插入到尺骨鹰嘴突中。当尺骨鹰嘴突弯曲90度时就形成了肘尖。小型肌肉肘肌不仅有助于肱三头肌伸展肘关节，而且对于保持肘关节稳定非常重要。肘肌与肱三头肌的外侧头连接非常紧密；有时两块肌肉的纤维混为一体。

前臂肌肉由屈肌和伸张肌组成（图3.3）。顾名思义，旋前圆肌使前臂向下翻转。与肱桡肌、掌长肌、桡侧腕屈肌、尺侧腕屈肌和旋前圆肌都有助于弯曲前臂。肘肌、桡侧伸腕长肌、桡侧伸腕短肌和伸趾长肌有助于伸展前臂。尺侧伸腕肌有助于伸展手腕。这些肌群对将身体力量转移到球拍都非常重要。同时还有助于稳定肘关节和腕关节。除了屈曲和伸展，手腕也可以进行外展和内收，这两种动作是现代网球比赛中重要的动作模式，特别是与正手和反手挥拍路线密切相关。桡侧伸腕长肌是手腕最主要的外展肌，而尺侧伸腕肌是手腕最主要的内收肌。这些动作也经常被称为尺侧屈（内收）、旋腕（外展），或者有时被称作桡-尺偏运动。

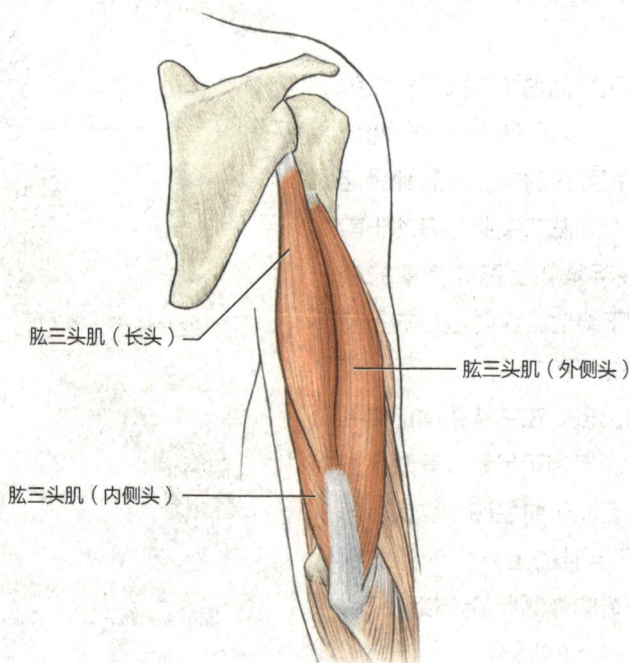

肱三头肌（长头）

肱三头肌（外侧头）

肱三头肌（内侧头）

图3.2 ▶ 肱三头肌

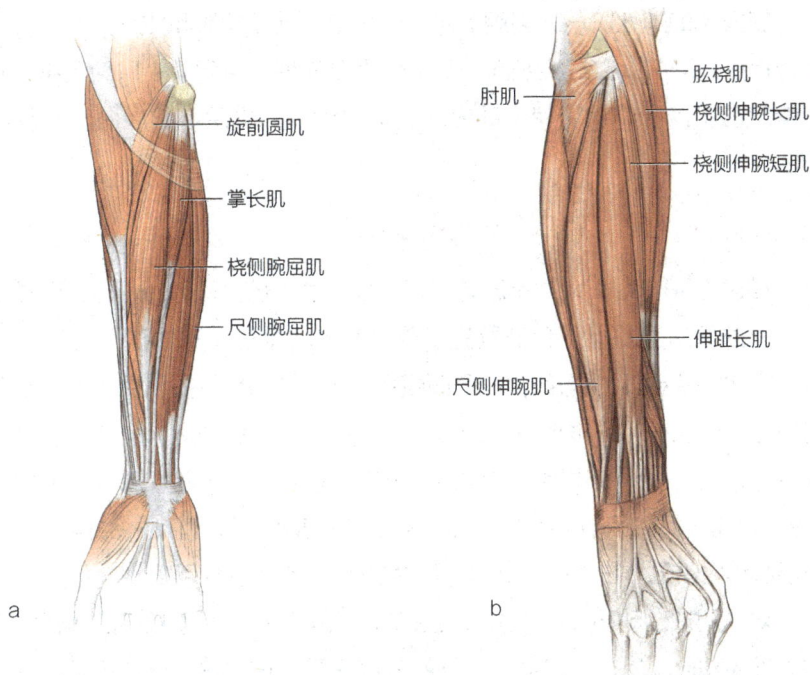

图3.3 ▶ 前臂肌群：（a）内侧；（b）外侧

（图中标注）
旋前圆肌
掌长肌
桡侧腕屈肌
尺侧腕屈肌

肘肌
肱桡肌
桡侧伸腕长肌
桡侧伸腕短肌
伸趾长肌
尺侧伸腕肌

a   b

 在所有网球击球方法中，有一种在向心和离心肌肉收缩相互作用的方法，特别是在上臂和下臂肌肉中。例如，在正手球向前挥拍阶段，前三角肌、肩胛下肌和胸大肌进行向心收缩，使上臂水平运动并内旋。当背阔肌和腕屈肌做向心运动时，前臂旋前肌不但使前臂和二头肌内转，还会使肘部伸展和弯曲（替代向心和离心肌肉收缩）。

 在单手反手球的向前挥拍阶段，棘下肌、小圆肌、后三角肌和斜方肌进行向心收缩，使上臂外展和横向伸展。肱三头肌向心收缩使手肘和腕伸肌伸展，而内收肌向心收缩使手腕伸展和内收。肘肌离心收缩使手肘伸展。在双手反手球中，这些相同的肌群在惯用侧是非常活跃的。然而，在加速阶段，这些肌群在非惯用侧会收缩。前三角肌、肩胛下肌、二头肌、前锯肌、胸大肌、屈腕肌和外展肌向心收缩，使上臂内收和水平前屈。截击与击打落地球遵循同样的手臂和手腕的肌肉动作模式。

在发球的加速阶段，肩胛下肌、胸大肌、前三角肌和肱三头肌向心收缩，使上臂抬高并向前。肱三头肌向心收缩使手肘伸展。背阔肌、肩胛下肌、胸大肌和前臂旋前肌向心收缩，使肩部内旋且前臂旋前。最后，腕屈肌向心收缩使手腕弯曲。

网球的击球方法及手臂和手腕运动

在过去30年中，网球运动有了很大地发展，部分原因在于球拍和球拍线的改进。得益于这些发展，我们看到了更多开放式站位击球方法。击球变得更加猛烈，因此需要更多力量来帮助保护周围关节，特别是保护手臂肌肉。尽管上臂肌肉进行向心收缩必须根据不同的击球方法提供不同的力道来击球，但是在随球动作中，它们也需要提供离心收缩力量来减缓挥拍动作。我们看到，现代球拍导致了激烈的桡-尺偏运动，手腕受伤的情况有所增加。因此，必须加强屈伸肌群以及外展肌和内收肌。在这些肌群中，关键在于拥有适当的平衡。

对于网球运动员而言，上臂后面的肱三头肌是运动过程中的重要肌肉，因为它为肩部和肘部提供了支撑。从性能角度来看，在发球、过顶扣球、反手球和截击中，肱三头肌发挥了重要的作用。例如，在网球发球或过顶扣球中，整个动力学链的最后一个环节是在接触球之前伸展手肘。这个击球力量由强有力的肱三头肌收缩而产生，且力量从躯干和上臂转移到球拍上。从预防肌肉损伤的角度来看，拥有强壮的肱三头肌有助于缓解手腕、手肘和肩关节等处的压力，减少肌肉损伤的风险。因为网球运动是通过使用球拍进行比赛，而且比赛通常会持续几个小时，所以对于网球运动员的发展来说，手臂和前臂的力量以及肌肉的耐力非常重要。网球运动员拥有的手和前臂力量更强，肘关节和腕关节的压力就越小。足够的前臂力量和握力也可以减少肩膀受伤发生的可能性。手和前臂力量较弱的网球运动员可能会过度使用肩膀，这样做增加了受伤的风险。

手臂和手肘的训练

如果运用得当，接下来的训练将会锻炼手臂的力量和肌肉的平衡。一般来说，大家会想要使惯用侧和非惯用侧手臂的力量相当。这项训练对大臂和小臂都适用，但由于运动的性质，惯用侧手臂的力量会更大。强化锻炼应主要关注肌肉的平衡和耐力。因此，我们建议使用较轻的重量，并进行多次反复训练，特别是对于小臂。重量不超过8磅（3.63千克），除非另有说明，重复训练的次数通常是12到15次。与击球类似的几个方向的运动应纳入训练计划，下列训练对它们进行了介绍。适当地加强手臂的力量将有助于改善球场上的表现，同时也有助于防止肩部、肘部和手腕受伤。

肱三头肌拉力器下压

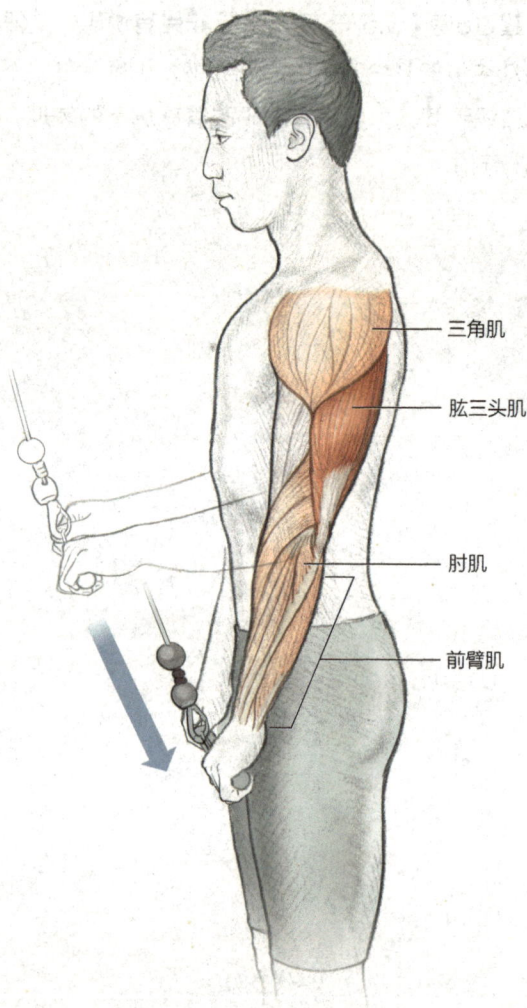

三角肌

肱三头肌

肘肌

前臂肌

进行步骤 »

1 双脚并拢站立，保持核心肌群收缩。同时以肩的宽度正手握住短缆索或拉力器。从腰部开始拉缆索，肘部弯曲大约90度。

2 保持上背部伸直，手臂伸直，将缆索向下拉至大腿。唯一的运动是肘关节伸展。做此动作时，会感觉到肱三头肌收缩。在下拉位置保持2秒钟。

3 慢慢回到起始位置，重复上述动作。

参与的肌肉 »

主要肌群： 肱三头肌
辅助肌群： 三角肌、肘肌和前臂肌

网球训练要点 »

在发球和过顶扣球的向后挥拍期间，肱三头肌会释放储存的潜在能量，在发球和扣球的向前挥拍中将它们转化为可用的动能。在向前挥拍期间，与接触球前、接触球时和接触球后一样，肱三头肌向心收缩，这有助于将下半身和核心肌群的力量转移给球拍和球。在单手或双手反手击打落地球时，会出现类似的肌肉收缩，最主要的区别是发球需要更多的垂直挥拍路径，而反手球需要更多的水平挥拍路径。正手截击和反手截击都涉及肱三头肌收缩，但这些肌肉收缩主要提高了肌肉张力。在击球期间，肘关节基本上不会伸长或缩短，但肱三头肌还是会收缩，以确保球拍能与球接触。并保证在击球时提供适当的力量。肱三头肌的力量和肌肉的耐力是减少手臂和肩部受伤的主要预防因素。

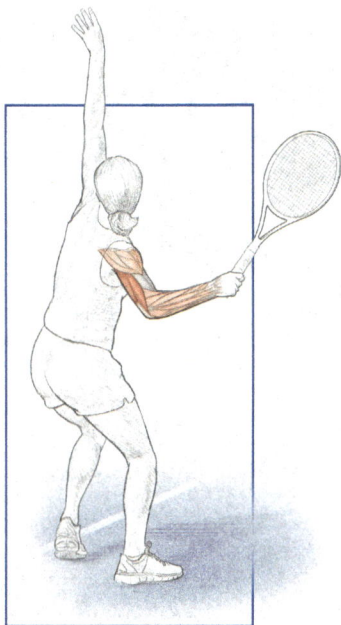

变化动作 »

肱三头肌缆绳下压

通过肱三头肌缆绳下压，促使手腕强行内旋，这项训练主要针对肱三头肌的外侧头。在反手击球的最后阶段和截击球后的随球动作中，肱三头肌的外侧头起着非常重要的作用。在这些击球方法中，锻炼肱三头肌的外侧头既能够增强肌肉性能，还会减少受伤的可能性。

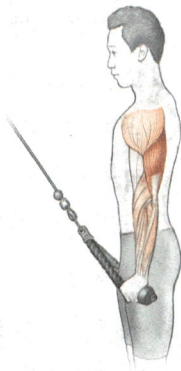

半屈伸

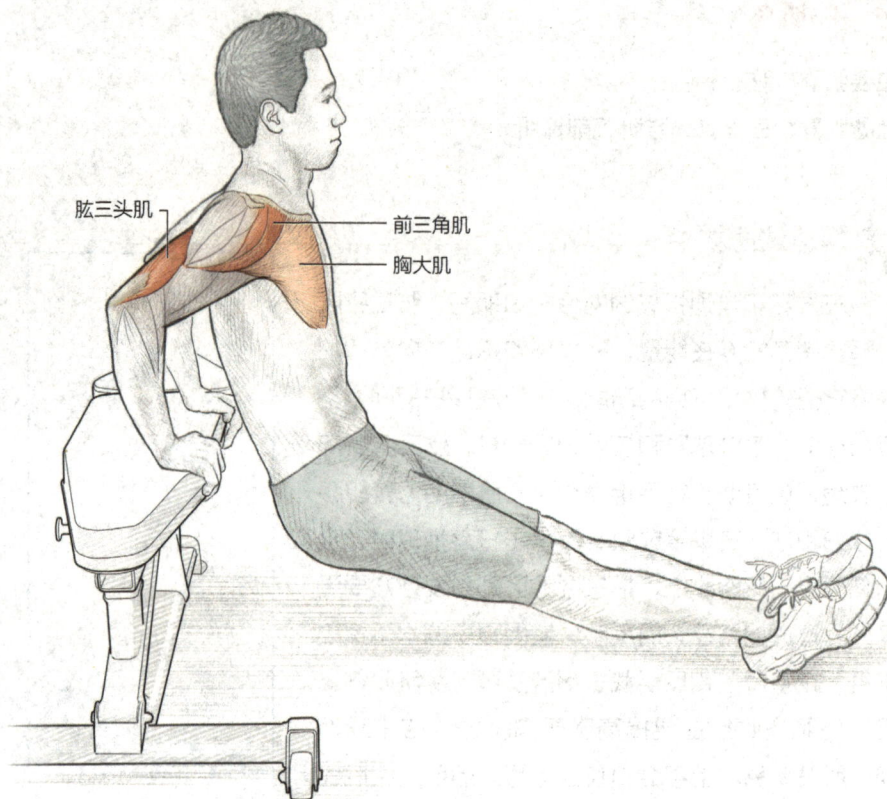

肱三头肌

前三角肌

胸大肌

进行步骤 》

1 背对举重训练椅。双手掌心向下按在举重训练椅的边上，手指指向前方。伸直双腿，脚跟着地，脚尖上翘（也可以把脚后跟放在另一台同样高度的举重训练椅上来增加阻力）。开始时，手臂通常是伸直的，然后慢慢地将手肘弯曲到150度至180度。

2 慢慢地弯曲手肘，降低身体躯干，直到上臂与地板几乎平行。身体躯干保持直立。

3 向下推举重训练椅，重点训练肱三头肌向心收缩，伸直手臂，直到手肘回到起始位置。重复上述动作。

参与的肌肉 »

主要肌群： 肱三头肌和前三角肌
辅助肌群： 胸大肌

🎾 网球训练要点 »

　　对于网球运动员而言，与完全屈伸相比，首选半屈伸或改良的屈伸训练。半屈伸主要锻炼肱三头肌，而不是前三角肌和胸大肌（完全屈伸锻炼这些肌肉）。由于在网球运动中，肩部受伤风险很高，因此减少肩部不适和冲击力非常重要。网球运动员进行半屈伸训练还能够增强肱三头肌并降低肩部受伤的概率。从性能角度来看，在网球的击球方法中，若能锻炼强壮的肱三头肌，将有助于提升网球运动员的整体实力。在准备发球阶段，肱三头肌的运动强度和范围对于将体内释放的储存能量有效地转移给发球的加速阶段非常关键。

变化动作 »

其他握法

如果身边有双杠，也可以在双杠上进行半屈伸训练。标准的握法是手掌与大拇指向前，刺激肱三头肌的三个头，而主要刺激内长头。在双杠上手掌翻转向外，两手大拇指向后，主要刺激肱三头肌长头。然而，这项运动对于没有足够手腕力量的人来说，可能非常困难。好处是它使得肌肉能够在不同角度得到锻炼，同时提高技巧。

拉力器过顶臂屈伸

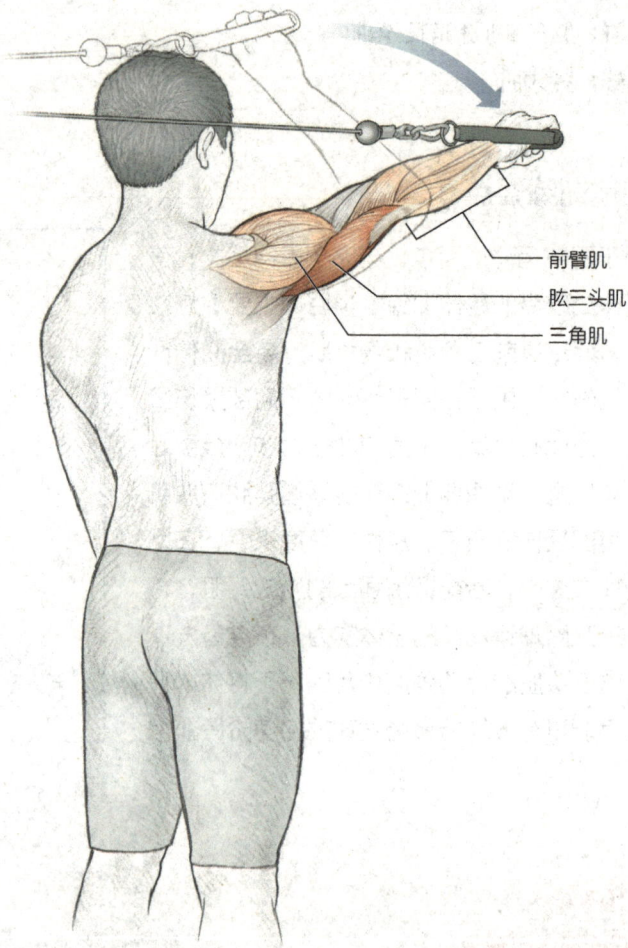

前臂肌
肱三头肌
三角肌

进行步骤 »

1 身体站直，双脚并拢，背向缆索或拉力器。单手握紧拉力器。开始时手臂弯曲，肘部大约呈90度角。

2 通过收缩肱三头肌，慢慢地向前伸展手臂，直到手肘伸直。保持重心和双肩稳定。

3 在运动结束之前，停下来并通过肱三头肌离心收缩，使手柄慢慢地回到起始位置。重复此动作10到12次，然后换另一只手臂，重复上述动作。

参与的肌肉 »

主要肌群： 肱三头肌
辅助肌群： 三角肌和前臂肌

网球训练要点 »

　　类似于前面两项训练，拉力器过顶臂屈伸训练可增强肱三头肌，这不仅有助于预防肌肉损伤，尤其是肩关节和肘关节，还可帮助球员提高球技（更有力的发球、过顶扣球和反手击球）。在发球和过顶扣球的向上挥拍阶段，以及接触球之前、期间和接触球后，都需要大量的颈后臂屈伸运动。拉力器过顶臂屈伸训练对于发球和过头顶扣球动作都非常具有针对性。在发球和过顶扣球的类似平面运动中，这项训练还会锻炼肱三头肌的收缩。

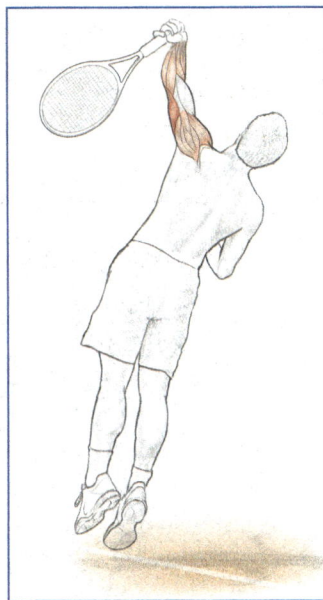

锤式哑铃屈臂

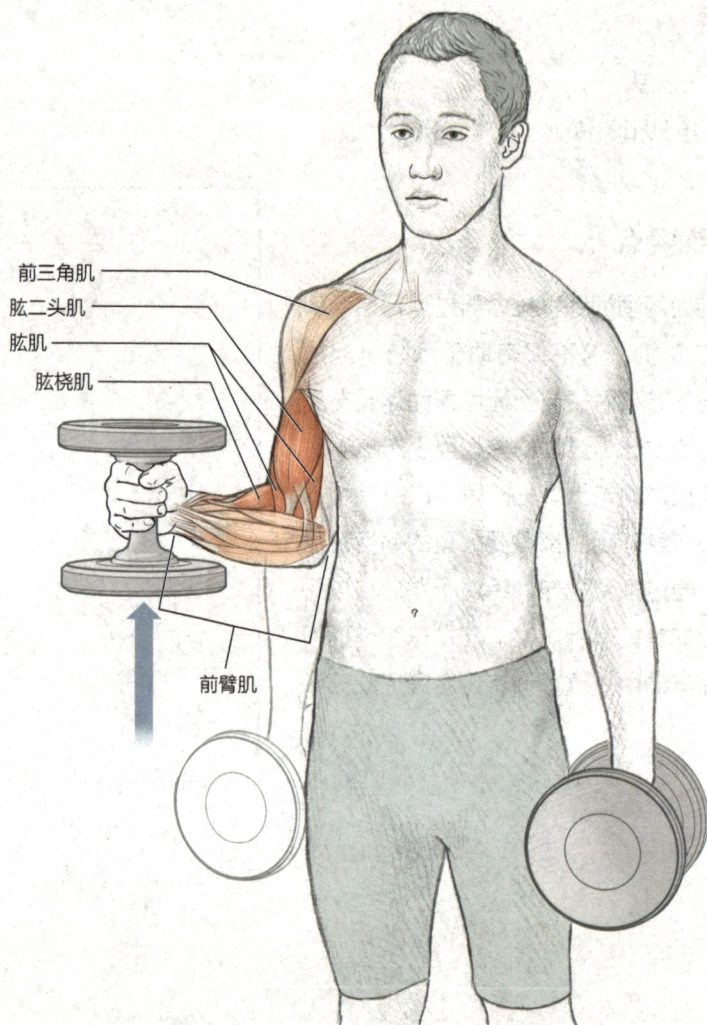

前三角肌

肱二头肌

肱肌

肱桡肌

前臂肌

进行步骤 »

1　身体站直，保持下半身稳定。双手各握一个哑铃，通过核心肌群收缩，在身体两侧伸展手臂。

2　弯曲手肘大约90度，同时保持身体重心稳定和下半身位置不变，向肩膀处垂直推举哑铃。在最后一个动作结尾停下来，慢慢地将哑铃降低到起始位置。

3　换另一只手臂，重复上述动作。每只手臂重复训练10到12次。

参与的肌肉 »

主要肌群： 肱桡肌、肱肌和肱二头肌
辅助肌群： 前三角肌和前臂肌

网球训练要点 »

因为网球比赛一般需要运动员握住球拍好几个小时，所以拥有足够的握力和前臂力量以及肌肉耐力非常重要。手臂和手肘是动力学链（力量的总和）的最后一个能量集中的地方，有助于力量从身体转移到球拍，最终提高击球速度。这项训练锻炼的肌肉在正手和反手击打落地球的随球动作中起着非常重要的作用。对于正手球来说，在向后挥拍期间，手臂的减速是依靠肱二头肌、肱肌和肱桡肌的收缩完成的，这些肌群充当肩部的减速器。在反手击落地球（尤其是双手击球）的向后挥拍和随球动作中，调用肱二头肌主要是帮助支撑肩膀和上背部周围的其他肌肉。

变化动作 »

旋转锤

在标准的旋转锤中，哑铃沿一条直线向前三角肌移动。旋转锤开始是在同一个位置。但是当手肘开始弯曲时，大拇指向外旋转（前臂外旋），这在很大程度上刺激了肱二头肌。肱二头肌连接着前臂肌，并参与正手截击球。因为任何时候球拍面是开放的，所以大拇指可以向外旋转。

正握腕弯举

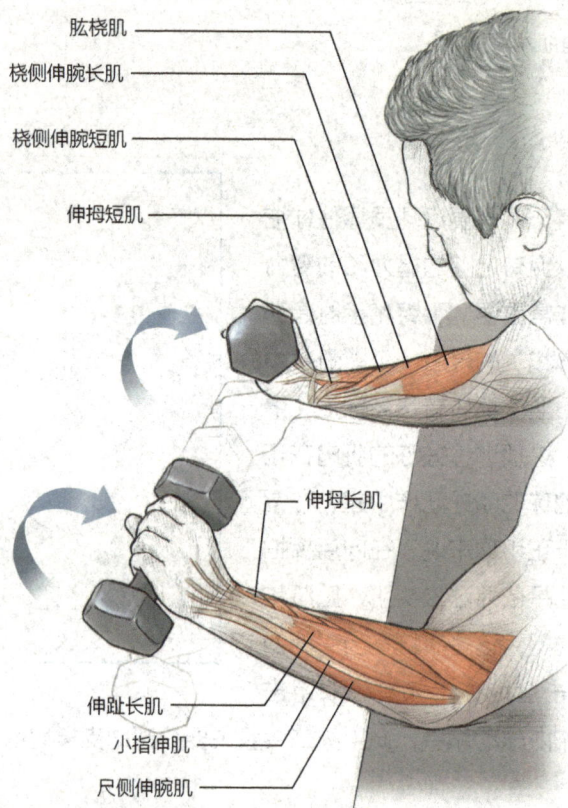

肱桡肌

桡侧伸腕长肌

桡侧伸腕短肌

伸拇短肌

伸拇长肌

伸趾长肌

小指伸肌

尺侧伸腕肌

进行步骤 »

1 跪在举重训练椅边上，用手肘支撑在举重训练椅上，手臂弯曲大约90度。使用正握方法握住两个哑铃（掌心向下）。将前臂靠在举重训练椅的边缘上。

2 通过弯曲手腕慢慢降低哑铃。手指指向地板。

3 通过前臂伸肌群收缩来举起哑铃，使手指指向天花板。重复上述动作10到12次。

参与的肌肉 »

主要肌群： 前臂伸肌（肱桡肌、桡侧伸腕长肌和桡侧伸腕短肌）、伸趾长肌、尺侧伸腕肌、伸拇短肌和伸拇长肌

辅助肌群： 手指伸肌和屈肌

🎾 网球训练要点 »

前臂肌群的耐力对于预防肌肉损伤和提升球技非常关键，尤其是在腕关节和肘关节。在接触球前，手腕是最后运动的关节。此时，所有力量都集中在手腕上以便进行强有力的击球。手腕屈伸训练有助于锻炼强健的手腕，便于击球。

变化动作 »

杠铃正握腕弯举

也可以用杠铃完成这项训练。用正握方法握住杠铃（掌心向下）。用跟哑铃一样的训练步骤完成这项训练。

反握腕弯举

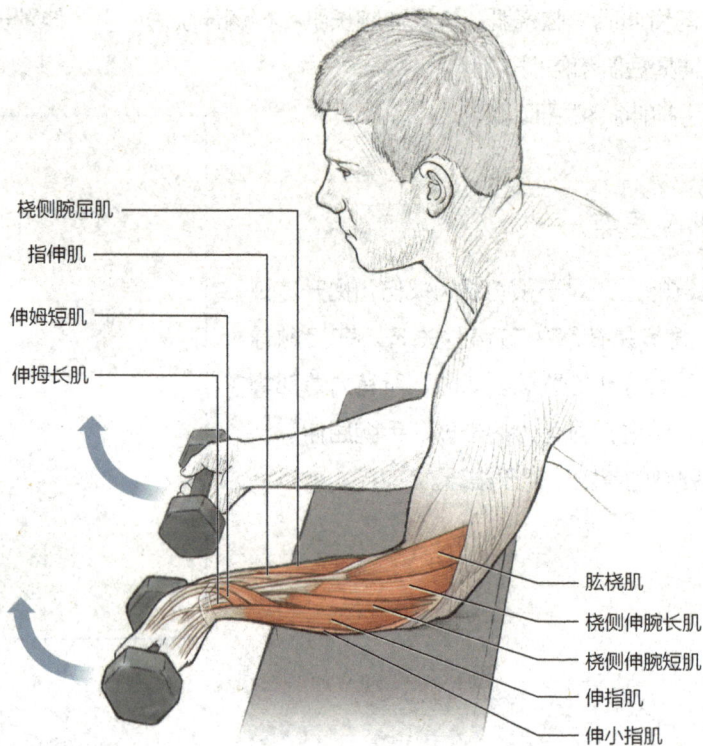

桡侧腕屈肌
指伸肌
伸姆短肌
伸拇长肌

肱桡肌
桡侧伸腕长肌
桡侧伸腕短肌
伸指肌
伸小指肌

进行步骤 »

1 跪在举重训练椅边上。用手肘支撑在举重训练椅上，手臂弯曲大约90度。用反握方法握住两个哑铃（掌心向上）。把前臂放在举重训练椅的边缘上。

2 弯曲或者伸展手腕，手指指向地板，慢慢降低哑铃。

3 通过前臂伸肌群收缩举起哑铃，手指指向天花板。重复上述动作10到12次。

参与的肌肉 »

主要肌群：前臂肌（肱桡肌、桡侧伸腕长肌和桡侧伸腕短肌）、伸趾长肌、尺侧伸腕肌、伸拇短肌、伸拇长肌和桡侧腕屈肌
辅助肌群：手指伸肌和屈肌

网球训练要点 »

　　从多个角度来看，前臂力量非常重要。前臂旋转（包含旋前和旋后）、屈曲和伸展有助于使肌肉做好对抗因击球产生的重复压力的准备。此外，开放式站位和现代化设备已经逐渐改变了网球运动。这些技术发展（尤其是新的球拍技术）将会考虑到强有力地击打落地球中的桡-尺偏运动。全面的手臂和手肘训练计划应该纳入上述所有训练方法。

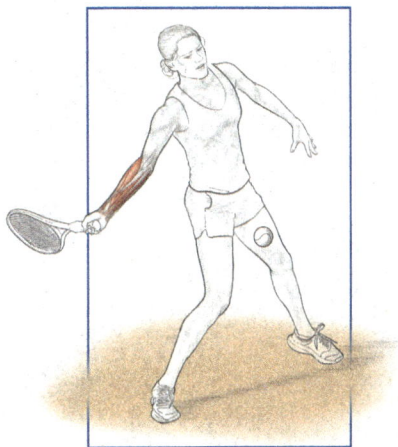

变化动作 »

杠铃正握腕弯举

也可以用杠铃完成这项训练。双手反握，抓住杠铃（掌心向下）。用跟哑铃一样的训练步骤完成同样的动作。

前臂外旋

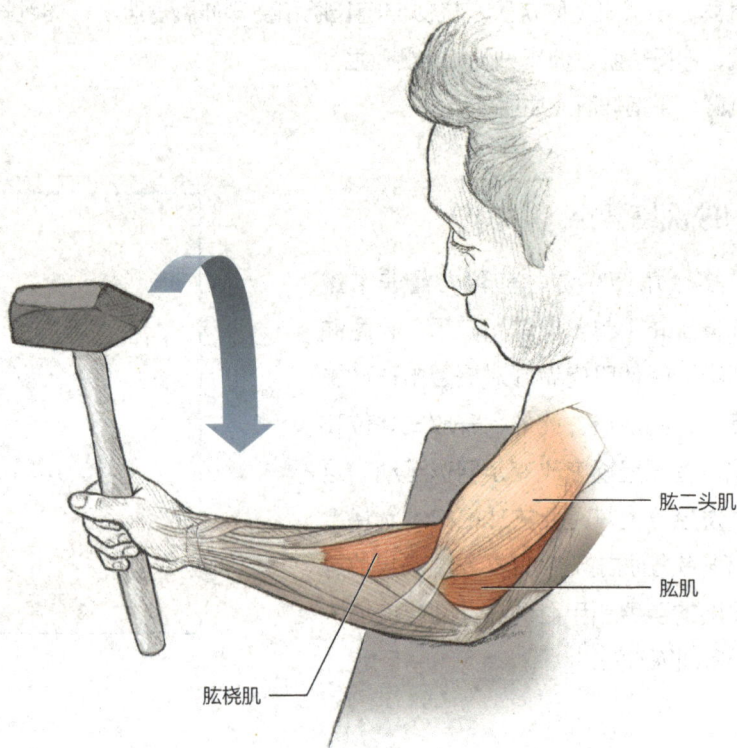

肱二头肌

肱肌

肱桡肌

进行步骤 »

1 坐或跪在举重训练椅边上。将前臂和手肘放在举重训练椅上不动。保持肩
  膀稳定。用一只手握住一个锤子或者端部带有一定重量的其他器械。开始
  时锤子头指向天花板。

2 慢慢地控制前臂外旋。花2到4秒旋转前臂，不要用劲。如果锤子在右手
  上，旋转前臂时，拇指要移动到右侧。在动作末，保持现有姿势不动2秒，
  然后慢慢地回到起始位置。

3 当一只手臂完成一组训练以后，更换到另一只手臂，重复上述动作。

参与的肌肉 »

主要肌群：肱桡肌、肱肌和旋后肌
辅助肌群：肱二头肌

🏃 网球训练要点 »

　　在双手击球的向后挥拍和随球动作期间，顶部的手促使前臂外旋。对于前臂肌肉而言，锻炼适当的力量和耐力将有助于快速击球，同时也会降低手腕和肩部受伤的风险。前臂外旋有助于在击球时调用手腕，能打出更大的旋转球和更偏的角度，如果没有进行这项训练是不可能做到的。锻炼前臂的力量对改善正手和反手截击以及反手削球十分有用。

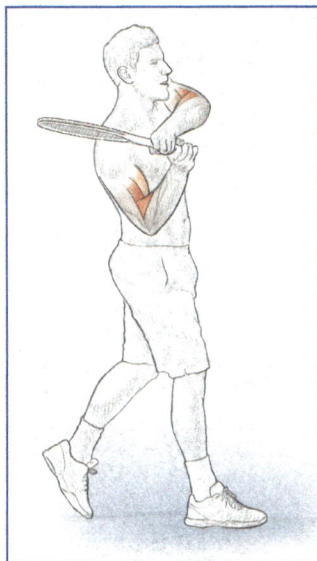

前臂内旋

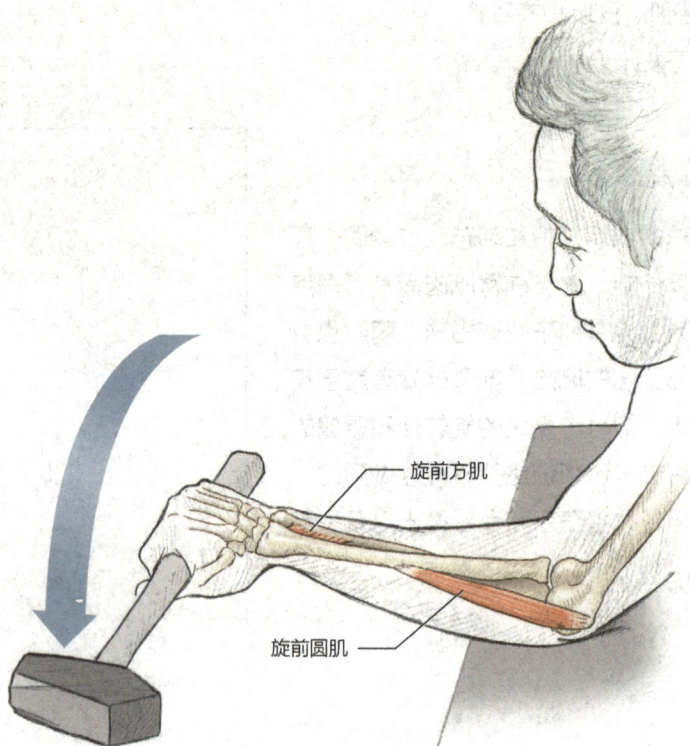

旋前方肌

旋前圆肌

进行步骤 »

1 坐或跪在举重训练椅边上。将前臂和手肘放在举重训练椅上不动。保持肩膀稳定。用一只手握住一个锤子或者端部带有一定重量的其他器械。开始时锤子头指向天花板。

2 慢慢地控制前臂内旋。花2到4秒旋转前臂，不要用劲。如果锤子在右手上，旋转前臂时，拇指要移动到左侧。在动作末，保持现有姿势不动2秒，然后慢慢地回到起始位置。

3 当一只手臂完成一组训练以后，更换到另一只手臂，重复上述动作。

参与的肌肉 »

主要肌群： 旋前圆肌和旋前方肌

网球训练要点 »

在网球的击球方法中，手腕和前臂内旋发挥着主导作用，特别是在发球的向前挥拍期间。前臂旋前肌具有适当的力量和耐力将增加发球的旋转和速度，同时也有助于保护手腕、手肘和肩部不受伤。在网球发球和头顶扣球时，前臂内旋更能凸显其优势。在发球和头顶扣球期间，前臂内旋发生在惯用侧的肩内旋之后。在棒球投手和足球后卫发球之后，也会看到前臂内旋动作。在网球运动中，前臂内旋有时被视为甩腕，但与手腕相比，前臂内旋还调用了上半身和手臂的力量。

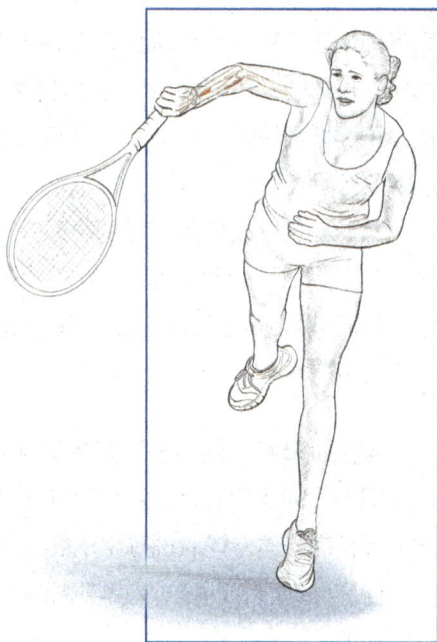

4 CHAPTER

胸部

在许多体育活动中，胸部肌肉往往是训练的重点。在网球运动中，胸部肌肉有多种用途。首先，网球运动需要平衡。对于实现球场上出色的发挥与减少运动损伤，身体前侧（前面）与身体背侧（后面）之间适当的肌肉平衡至关重要。其次，正确地训练胸肌将有助于提高动作的力度，这在网球运动中非常重要，而且还能改善肌肉耐力。

将肌肉训练成胸部或背部肌肉并不总是那么简单，因为有几种肌肉（比如胸小肌和前锯肌）包裹着整个身体，或者有些肌肉深藏于其他肌肉之下。在本书中，我们将胸小肌和前锯肌视为胸部肌肉。

胸部解剖

连接上肢和骨骼的肩胛带由肩胛骨和锁骨构成。肩胛带肌肉（图4.1，第73页）固定肩胛骨和锁骨。胸大肌与胸骨、锁骨以及肋软骨相连，它的主要功能是把手臂拉向身体（内收训练）。胸小肌与肩胛骨的喙突部分相连，协助手臂向前推（伸展训练）。同样，前锯肌能实现伸展运动，它包裹着胸腔外围，连接到肩胛骨内侧。

如第2章所述，三角肌覆盖着肩关节。一块发达的三角肌使肩膀呈圆形。前三角肌是一块大三角肌的前束，它与胸大肌和其他肌肉在正手球与发球所需的上臂水平运动中起着非常重要的作用。从这方面看，在横向弯曲或内收训练中，前三角肌协助胸部肌肉完成动作。肱三头肌（已在第3章介绍）是一个功能强大的手臂伸肌，位于手臂后方肱骨的后侧。尽管肱三头肌实际上并不是胸肌，但在所有负重深蹲动作中，它都广泛参与，协助胸部肌肉完成动作。由于肱三头肌长头将肩部与肘部相连，因此它能在深蹲过头动作中帮助稳定肩关节。例如，正手和反手截击都包含上臂横向运动与肘部伸展。三头肌与胸肌（比如胸大肌）一起，产生一个向前深蹲运动。向前挥拍和向上挥拍也会出现类似的动作。

三头肌收缩以伸展肘部，同时胸部肌肉收缩，以让上臂和肩膀向前移动。

胸小肌

胸大肌

前锯肌

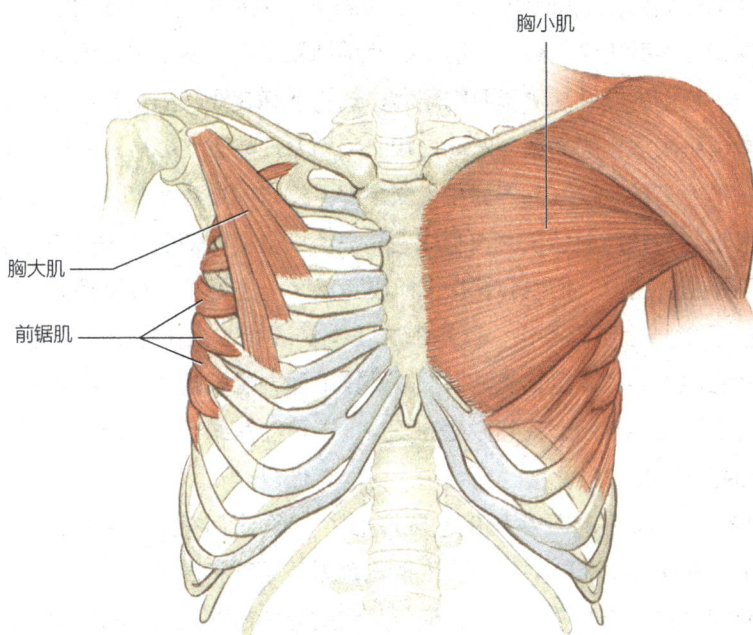

图4.1 ▶ 胸部的肌肉

击球和胸部运动

　　在推拉运动中，健壮的胸部能帮助动作的完成。从这样的推拉运动获益的网球击球动包括发球、过顶扣球、正手击落地球和正手截击。相比其他击球动作，在动作模式上，发球与过顶扣球涉及更多的垂直分力。在向后挥拍（准备）阶段，胸部肌肉被拉伸；在向前或向上挥拍和随球动作中，胸部肌肉向心收缩。在正手击落地球与正手截击中，胸部肌肉的动作模式与上述类似，但涉及更多的水平运动。对于击打肩部以上的球，尤其是上旋高弹跳球，健壮的胸部肌肉是关键。击打这些典型的好球区之外的球，需要强大的力度，以及足够的力量和旋转以控制那些特定的点。当为了接到一个特别偏或低的球而伸展击球时，这一概念也同样适用。关键是要训练这些肌肉、背部肌肉以及促进身体旋转的那些肌肉。表面和深层肌肉都需要关注。由于网球运动可能导致上半身失衡，因此力量训练计划应重点关注不同肌群的平衡协调。左右两侧的胸部肌肉平衡，以及胸部肌肉与背部肌肉平衡都很重要，这不仅影响球技，更重要的是可以防止受伤。

由于所有的肩胛带肌肉参与每一个击球动作，作为主导力（在发球、过顶扣球、正手球和正手截击中）或稳定器（在反手球和反手截击中），因此要格外注意这些肌肉。我们主要关注的是肌肉耐力，这将使您在漫长的比赛中保持强有力的击球。胸部肌肉适当的力量、发动力和肌肉耐力还能改善姿势并保持平衡。从发挥水平的角度来看，良好的姿势和平衡会使身体方向更容易改变，帮助您准备好迎接每次击球，并能使您在每次击球之间快速恢复。即使在一些击球动作中，胸部肌肉不是主要肌群，但也会是辅助肌群。除了与发挥水平直接相关外，健壮的胸部肌肉还能防止肌肉受伤，促进形成正确的姿势。上半身作为躯干的一部分，需要紧密地连接下半身和优势臂，以转换地面力量于击球中。此外，胸部与上背部肌肉的平衡会帮助您找到合适的姿势，这可能有助于延长网球生涯，增加击球速度和每次击球的力量。

在发球、过顶扣球与正手球的向前挥拍中，胸部肌肉表现最为活跃。据估计，在高水平的网球比赛中，几乎75%的击球是正手球和发球。正因为如此，肌肉耐力与肌肉力量一样重要。大多数胸部肌肉的运动在本质上是向心的，尤其是在向前挥拍中，这意味着在运动中肌肉收缩或缩短。为了帮助这些肌肉准备好这样的缩短动作，训练计划应该反映同样的动作。

胸部练习

对于水平发挥和防止损伤来说，胸部和背部适当的肌肉平衡很重要。一定要交替前后练习。例如，可以在不同的日子进行这些训练。我们提供的通用指导原则是每次做两到三组，每组重复做10到12次，特别是想要建立一个坚实的基础时。惯用侧和非惯用侧之间保持平衡也很重要。因此，大多数胸部练习都是双侧的。为了经受漫长的比赛，肌肉耐力与力量和发动力一样重要。在了解网球的合格健身与体能专家的指导下，监视每项训练中所使用力量的大小。记住，您并不是想要训练成一个健美运动员，您的目标是成功地、无损伤地打好网球。因此，运动技术非常重要。胸前扔健身实心球（第83页）和仰卧胸前上扔健身实心球（第84页）提供了一个额外的好处；可以轻松地模拟击球的动作模式，使每个训练都具有网球运动针对性。对于多关节训练，健身实心球训练还涉及其他身体部位，能促进打球过程中肌肉的协调和稳定。

俯卧撑

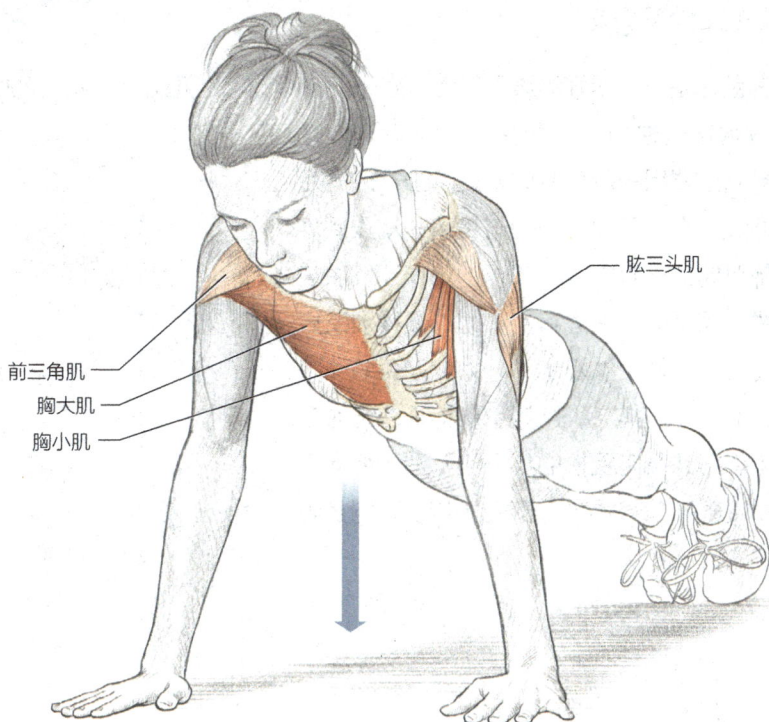

肱三头肌

前三角肌
胸大肌
胸小肌

进行步骤 》

1 头、肩、背、臀部、膝盖和脚在一条直线上，保持水平姿势。手臂伸开，手掌平放在地板上，双手与肩同宽。双脚并拢，用脚趾支撑下半身的重量。

2 吸气，慢慢弯曲手肘，将躯干贴近地板表面。保持脊柱处于中立位，以防止过度拉伸（脊柱前凸）。

3 在动作结束时，收缩胸部肌肉和三头肌以伸展手臂，抬起身体时呼气。重复上述动作。

参与的肌肉 》

主要肌群：胸大肌和胸小肌
辅助肌群：前三角肌和肱三头肌

🎾 网球训练要点 »

　　俯卧撑是一个很好的通用锻炼，对于网球运动，它还有一些特定的好处。在大多数网球击球中，主要是在正手球与发球中，会刺激调用的胸部肌肉。正手击球的向后挥拍伸展了胸部肌肉，而加速和随球动作刺激了胸部肌肉的向心收缩。同样的动作还发生在发球中，但运动的平面有所不同；发球涉及更多垂直分力而较少涉及水平分力。如果俯卧撑下弯过低，会给前肩关节囊带来不必要的压力，这会导致肌肉受损的疼痛和不适。将向下运动角度限制在肘部与肩部呈90度，以防止肩部损伤。

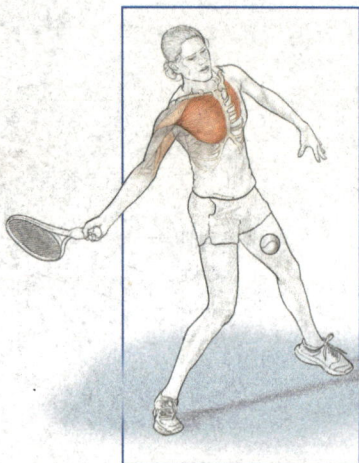

变化动作 »

改变俯卧撑中脚的位置，将锻炼不同的胸肌部位。

· 将脚抬到一个重量训练椅上，以锻炼上胸肌，增加训练的难度。

· 抬起躯干，将手放在重量训练椅上，集中训练下胸肌。通过减轻训练中所承受的身体重量，降低了训练的难度。

改变俯卧撑中手的位置，将锻炼不同的胸肌部位。

· 钻石手姿势增加了训练的难度，而且更大程度地训练了肱三头肌。做出一个俯卧撑的姿势，仅用食指和大拇指接触地面，这样就形成一个钻石手姿势。

· 双手距离更宽的姿势降低了难度，而且更大程度地训练了前三角肌、肱二头肌与胸肌。双手距离更宽的姿势与传统的俯卧撑姿势很相似，每只手只需向身体外侧移动6到12英寸（15至30厘米），增加双手之间的距离。

其他的变化动作还包括在不稳定的表面做俯卧撑，比如一个健身实心球、苏博球、空气垫或重量训练椅。

站姿前推

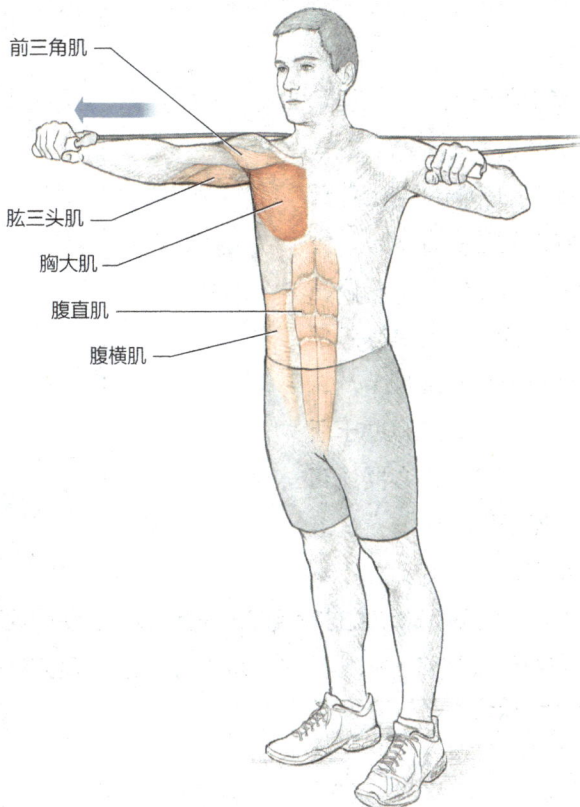

前三角肌

肱三头肌

胸大肌

腹直肌

腹横肌

进行步骤 »

1 将拉力器固定到一个固定物体上。双脚分开与肩同宽站直，这样重心和下半身都非常稳固。背对拉力器固定物，抓住拉力器的把手，一手一个。施力来克服阻力，保持肘部与肩同高。

2 在体前慢慢地伸展右臂，收缩胸部肌肉，直至肘部伸直。保持最后的姿势1至2秒。

3 慢慢收回右臂至起始位置。然后左臂重复上述动作。

参与的肌肉 »

主要肌群：胸大肌和胸小肌

辅助肌群：前三角肌、肱三头肌、腹直肌、腹横肌、竖脊肌和多裂肌

🎾 网球训练要点 »

　　由于站姿前推没有使用任何一个机器，因此它需要多个不同肌群来保持平衡。这些肌群包括胸部肌肉、旋转袖、肩部与上背部的肌群。使用拉力器或拉力带站立时，躯干、上背部与肩部的稳定肌群必须积极配合，以保持良好的身体姿势。这些是除胸部外利用到的肌肉。除了正手球和发球会从这个训练中获益外，受刺激的肌肉还有助于所有击球动作的加速和减速部分。拉力器还有一个额外的好处，它在旅行时携带方便。这里所描述的动作模式是有益的，因为它不仅

是一个多关节锻炼，还涉及与正手球和发球使用的相同肌肉，这使得这项训练不仅实用，而且更具有网球运动的针对性。由于这项训练的速度比真实的击球动作要慢，因此它也是非常安全的。

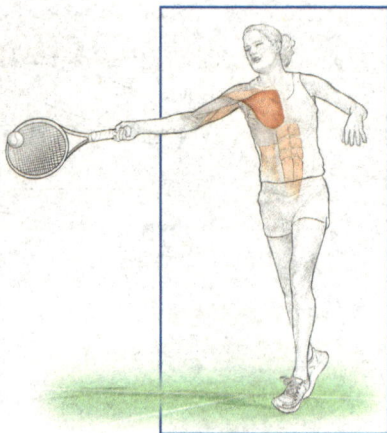

变化动作 »

悬挂式训练带（TRX）前推

双脚分开与肩同宽站立，重心和下半身保持稳定。背对TRX悬挂式训练带（组装信息请参见悬挂式训练带的说明书），抓住把手，一手一个。施力来克服阻力，直至悬挂式训练带（TRX）不再松弛。保持手肘与肩同高。在体前慢慢地伸展右臂，收缩胸部肌肉，直至肘部伸直。保持最后的姿势1至2秒。然后慢慢回到初始位置。

平板卧推

前三角肌
胸大肌
前锯肌

肱三头肌

进行步骤 »

1 平躺在重量训练椅上，双脚平放在地板上。双手与肩同宽，抓住杠铃。抬起杠铃，伸直手臂，保持双手在眼睛上方。

2 从这个最高位置，弯曲肘部，慢慢地降低杠铃。离心收缩胸部肌肉和肩前周围的肌肉。控制好杠铃，慢慢降低，直到它轻轻地碰到胸部的中间。

3 立即呼气，向心收缩胸部肌肉，推起杠铃，直至肘部伸直但并不用保持肘部不动。重复上述动作。

参与的肌肉 »

主要肌群： 胸大肌、胸小肌和前锯肌
辅助肌群： 前三角肌和肱三头肌

🎾 网球训练要点 »

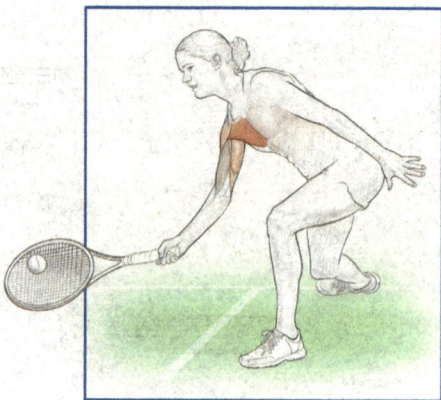

截击通常需要推举动作，类似于平板卧推、胸部前推健身实心球和其他相关训练。平板卧推等推举动作可以帮助锻炼向心和离心力量。截击是一种短暂的像拳击一样的摆动，它依赖胸肌，尤其是胸大肌和前锯肌。平板卧推是一个受控制的慢版本的截击动作，将有助于改善此击球动作并防止受伤。在所有击球动作中，保持良好的推举力度对于保护上半身肌肉非常重要。当您不在适当的位置而被迫击球或者击打一个很高的球时，推举强度尤为重要。在这些击球中，有时下半身不能产生尽可能多的力量，而要求上半身贡献比平时更多的力量。

变化动作 »

哑铃卧推

这个训练使用两个哑铃来代替杠铃，需要更强的单臂控制，这将更大程度地训练肩膀周围的稳定肌群。如果使用哑铃，也可以改变手的位置。传统的抓握是正握，手掌向上，能提供更多的伸展力量，因为哑铃重量被降低至胸部。对握（掌心相对）锻炼肱三头肌。

上斜式推举

前三角肌

肱三头肌

胸大肌上部

胸小肌

进行步骤 >>

1　坐在一个向上倾斜的平板上，坡度为30到35度，双脚稳固地抵在地板上，背靠在平板上。保持重心和下半身稳定，双手与肩同宽，抓握杠铃。

2　举起杠铃开始训练，伸展手臂，保持双手在眼睛上方，直至胳膊伸直，但不用保持肘部不动。从这个最高位置，弯曲肘部，缓慢降低杠铃，离心收缩胸部肌肉以及肩前肌肉。控制好杠铃，缓慢降低，直到它轻轻地触碰胸部的中间。

3　立即呼气，向心收缩胸部以及肩前肌肉，推起杠铃，直至肘部伸直，但不用保持肘部不动。重复上述动作。

参与的肌肉 »

主要肌群： 胸大肌上部和胸小肌
辅助肌群： 前三角肌和肱三头肌

网球训练要点 »

对于发球\过顶扣球与正手球调用的肌肉来说，上斜式推举的好处尤为突出。它有助于锻炼有效击打高球所必需的力量，尤其当对手打快速旋转球，或者球落地后产生一个高反弹时，这项训练将更为有益。当运动员没有处于适当的位置时，通常使用胸部与肩部的力量可以成功击球。通过类似倾斜平板卧推的训练，增加胸部上方和前肩的力量，网球选手可以在传统的难以驾驭的位置产生更大的力量。具体地讲，提高整体肌肉的力量，将有助于处于或高于眼睛水平的发球。这是一个大多数网球运动员没有经常训练的区域，但通常这也是一个亟待提升的区域。

变化动作 »

上斜式哑铃推举

用哑铃代替杠铃，增加肩部周围稳定肌群的锻炼，有助于减少身体左右两侧不平衡发生的可能性。也可以增加坡度，从25度增加到75度，使胸部肌肉收缩集中到更高的部位。

胸前扔健身实心球

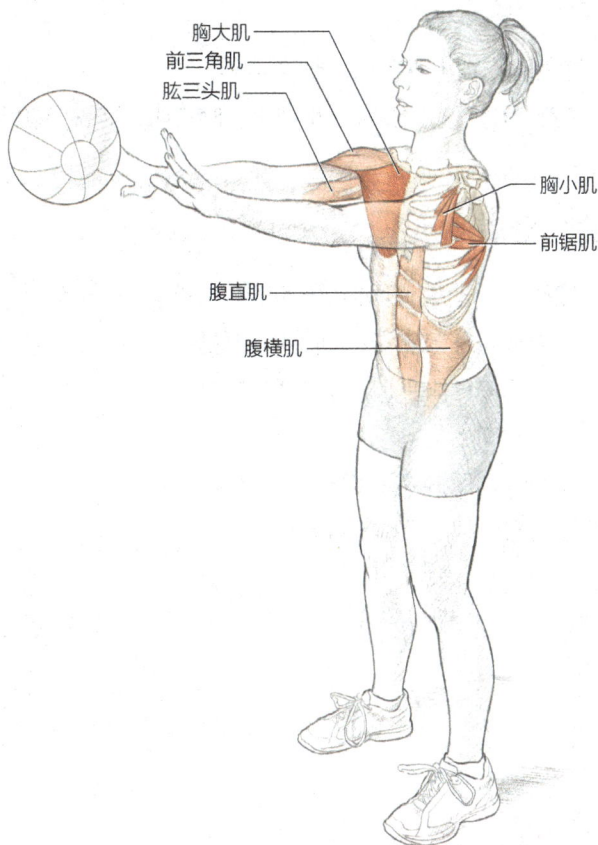

胸大肌
前三角肌
肱三头肌

胸小肌
前锯肌

腹直肌
腹横肌

进行步骤 »

1 选择一个重量适度的健身实心球，此次训练中，6至20磅（2.5至9千克）的健身实心球最为适宜。选择球时，要充分考虑到自己的力量、年龄和任何禁忌症。

2 双脚分开与肩同宽，以准备运动姿势站立。膝盖微微弯曲，身体核心肌群收缩。面对一堵坚实的墙，双手托举健身实心球，起始姿势为双臂在胸前伸展。

3 急速弯曲肘部，将健身实心球举到胸前，然后通过收缩胸部肌肉与肱三头肌，迅速把球扔到墙上，捡回球，然后重复动作。

参与的肌肉 »

主要肌群： 胸大肌、胸小肌和前锯肌
辅助肌群： 前三角肌、肱三头肌、腹直肌、腹横肌、竖脊肌和多裂肌

网球训练要点 »

胸前扔健身实心球是一项很好的锻炼，它只需要一个健身实心球。主要的训练重点是胸大肌、肱三头肌和前锯肌。除了大多数的击球动作，网球发球的向上与向前挥拍也会调动这些肌肉。此训练中调用的辅助肌群保持平衡与稳定，与它们在发球中发挥的作用类似。

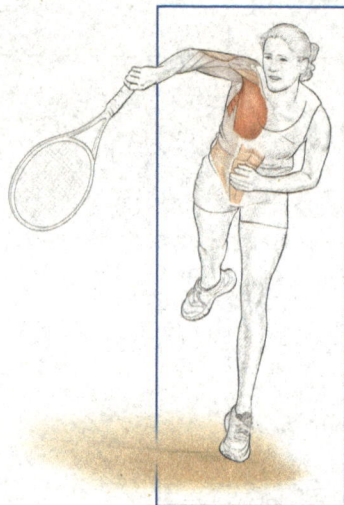

变化动作 »

仰卧胸前扔健身实心球

胸前扔健身实心球是一种剧烈的上半身增强式运动。为了增加难度，让一个伙伴或教练帮助您完成此变化动作训练。平躺在地面上，屈膝，脚后跟平放在地面上。在眼睛上方，伸直双臂，抓住一个轻健身实心球（4至8磅，1.8至3.63千克）。弯曲肘部，将健身实心球拿至胸前。当球碰到胸部时，迅速朝眼睛上方扔出，扔得越高越好，确保有一个伙伴能抓住它。抓住球后，您的伙伴会轻轻地将球扔到您的胸前。这时胸部肌肉进行离心收缩，可以抓住健身实心球，抓住之后，再次立即尝试往上扔出。注意上半身所产生的爆发力。

哑铃扩胸

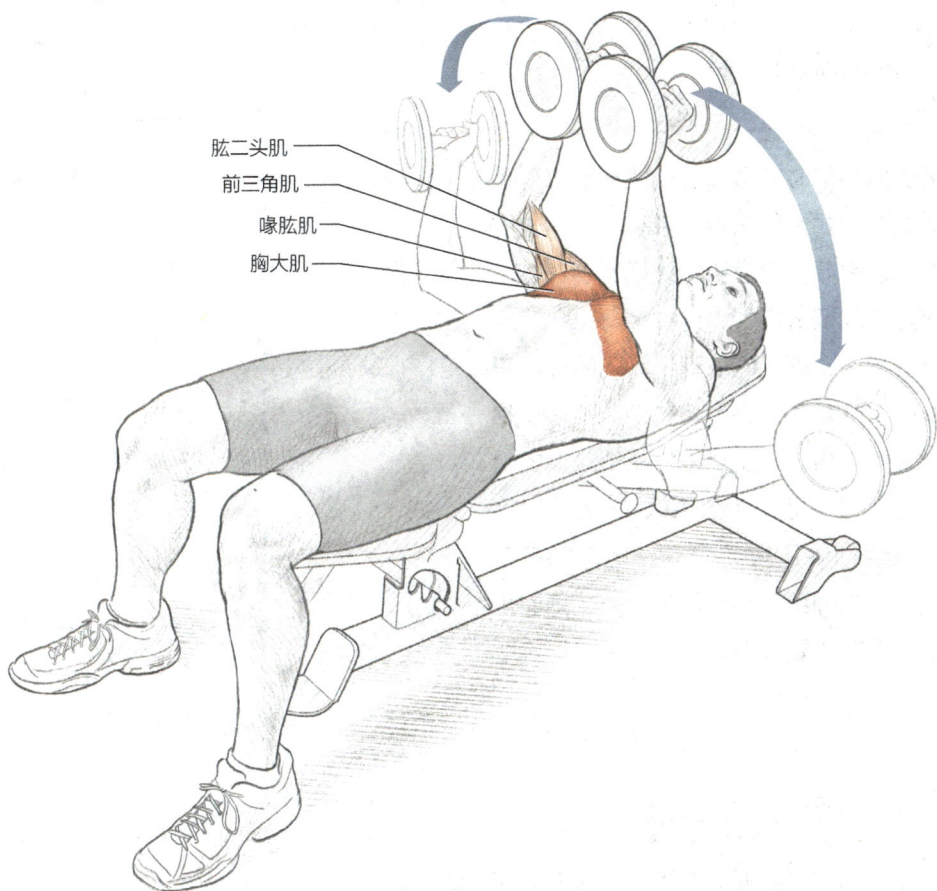

肱二头肌
前三角肌
喙肱肌
胸大肌

进行步骤 >>

1. 躺在一个水平的重量训练椅上，双脚平放在地板上。双手各握一个哑铃，使用对握方式，掌心相对。在胸前伸展手臂，肘部略微弯曲。

2. 慢慢地向两侧放低哑铃，肘部略弯曲，直到肘部略低于肩高。

3. 收缩胸部肌肉，提升哑铃，以返回至起始位置，然后重复动作。

参与的肌肉 >>

主要肌群： 胸大肌

辅助肌群： 前三角肌、喙肱肌和肱二头肌

网球训练要点 »

哑铃扩胸是一个很好的训练，为正手击落地球做准备。现代的正手击落地球是开放式站位击球，带有非常有力的挥拍。因此，要求肌肉必须足够健壮，而且要能抵抗疲劳，这样才可以打完一场漫长的比赛。此次训练利用哑铃而不是一个机器，这会迫使辅助肌群提供稳定性和平衡。在正手击打一个较偏的落地球，或者当您的支撑基础比平时宽时，此训练还有助于减少受伤的可能性。要求胸部与手臂尽量伸展，同时仍能够保持力量的输出。

变化动作 »

拉力器站立扩胸

不用哑铃而利用拉力器，可以做相同的动作模式。双脚分开与肩同宽站立，背向拉力器。每只手抓住一个拉力器的把手，做哑铃扩胸中所述的相同扩胸动作。另一种替代方法是在一个向上或向下倾斜的椅座上训练，它从不同角度针对胸部肌肉进行锻炼。在此训练中，将刺激更多肌群。

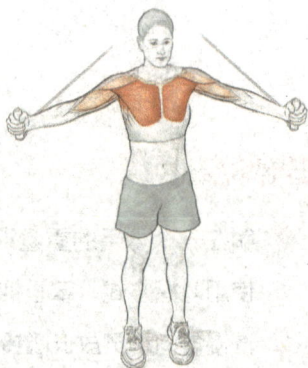

背部

要提高网球技能和预防受伤，训练时千万不能忽视背部肌肉。尽管这些肌肉进行向心运动，特别是在反手击球中，但我们不能忽视其离心运动的重要性，尤其是在发球后和正手击球的随球动作阶段。强壮的背部会促进形成正确的姿势，平衡身体的惯用侧和非惯用侧，保护周围的关节，并且它是联系上半身与下半身的纽带。在网球运动中，由于背部必须弯曲、伸展和旋转，因此健壮的上背部和下背部是在球场上发挥最佳水平的关键。

如第4章所述，一些肌肉包裹着其他肌肉，这些肌肉是背部肌肉（身体后侧）或胸部肌肉（身体前侧）。例如，第4章介绍的胸小肌和前锯肌，在本章的一些训练中起支持作用。

背部解剖

背部肌肉提供了脊柱的灵活性和可动性，如果训练正确，将促进形成良好的姿势。通常更深层的肌肉起到支撑和移动脊椎的作用，而浅层的肌肉更多负责移动胳膊和肩膀。深层肌肉由肌肉层构成。在这些肌肉层里有许多肌肉，但对于本章，我们将只关注一些主要的肌肉，以及训练中所涉及的肌肉。

许多背部肌肉通常被描述为肩部肌肉；然而，由于他们与背部之间重要的相互作用，在这里我们需要提到这些肩部肌肉。旋转袖（参见图2.1，第31页）由四块较短的肌肉构成：肩胛下肌、棘上肌、棘下肌和小圆肌。这些肌肉附着在关节囊上，使关节囊变得更加强壮，并且能够维护关节接头处的肱骨。对于肩关节的稳定性来说，它们至关重要。三角肌（参见图2.2，第31页）使肩膀呈现圆形的外观，是体前或体侧抬举手臂的原动力。

在上背部（图5.1，第88页），斜方肌连接头骨，帮助支撑和旋转头部。它还和肩胛提肌一起，使肩胛骨向上和向身体的中线方向移动。背阔肌是最大、最强壮的背部肌肉（在拉丁语中背阔是最宽阔的意思）。这个肌肉从斜方肌下缘上方附着在脊柱上，向下一直延伸到骨盆的后面。它帮助下拉手臂（肱骨）向身体的中线移动，也有助于肩膀向后拉伸。

斜方肌

棘下肌
小圆肌
大圆肌

大菱形肌

竖脊肌

背阔肌

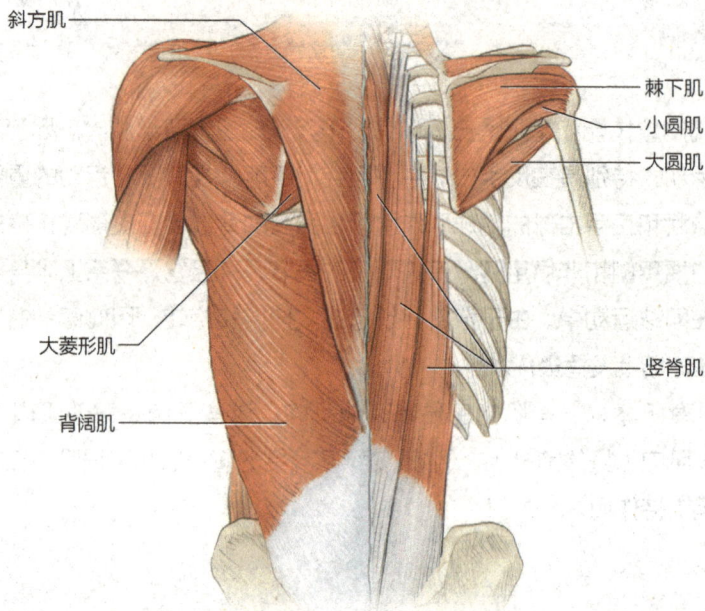

图5.1 ▶ 背部的肌肉：斜方肌、大菱形肌、背阔肌、棘下肌、小圆肌、大圆肌和竖脊肌

这些是构成V字形轮廓的主要肌肉。（大、小）菱形肌位于脊椎和肩胛骨之间，负责向上与向内（收缩）移动肩胛骨。在将两侧肩胛骨挤压到一起的动作中，菱形肌是所涉及的主要肌肉。前锯肌是促使反向运动（伸展）的主要肌肉，它包裹在胸腔外壁周围，附着在肩胛骨的内缘。竖脊肌的肌肉组织构成背部肌肉的外层。竖脊肌稳定了脊柱，帮助保持直立姿势或伸展脊柱。

下背部的两个重要的肌群是多裂肌和腰方肌（图5.2），它们在稳固脊柱方面起到了重要的作用。对于网球运动员而言，将腰椎连接到臀部屈肌的腰大肌也同样重要。

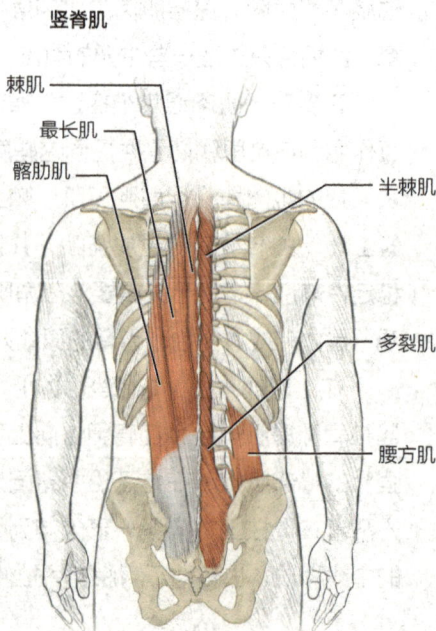

竖脊肌

棘肌
最长肌
髂肋肌

半棘肌

多裂肌

腰方肌

图5.2 ▶ 多裂肌与腰方肌

击球与背部运动

在发球时，蓄势阶段（向后挥拍）使背部处于一个过度拉伸和转动的位置。这个位置给肌肉和背部周围的关节带来了很大的压力，这也是加强上下背部肌肉的一个主要原因。网球是一项节奏很快的运动，需要面对许多突发紧急情况，在运动中，它有频繁的停止和启动、高难度的扑球动作以及每个点多次的方向变化。所有这些动作都对身体（尤其是背部）带来了更高的要求。许多运动员忽视了背部的训练，至少没有像训练体前肌肉那样锻炼背部肌肉，考虑到这一点，大家就可以明白他们是怎样让自己受伤或表现不佳的。本章介绍的训练能帮助加强背部肌肉，尤其关注以下肌肉：发球和正手击球的随球动作调用的肌肉，以及在单手或双手反手的加速（向前）挥拍中作为原动力的肌肉。由于在将下半身力量转移至上半身的过程中，作为动力链一部分的背部起着至关重要的作用，因此建议将转体训练也包含在内。

背部训练

背部训练应该定期做。对于网球运动员而言，肌肉平衡至关重要。网球运动员身体前面的肌肉（胸部和肩膀前面）通常比较强壮，因为在击球动作中经常需要用到这些身体部位，所以需要特别注意背部肌肉组织。每周做几次背部训练，每次训练之间要休息一天。恰当的技巧非常重要，因此，我们建议大家咨询了解网球的力量和体能训练认证专家。在使用体育设施时，做两到三组训练，每组重复做10到12次。可以利用自己的体重或健身实心球完成许多训练。健身实心球训练是全身锻炼，它将转体动作加入其中，因此特别具有网球运动针对性。尽管网球通常需要背部肌肉的离心运动，但我们建议从背部的力量训练项目开始，利用向心力量训练，先打下一个坚实的力量基础。力量与体能训练教练会告诉大家何时开始将离心力量训练加入到自己的个人训练计划中。

颈前下拉

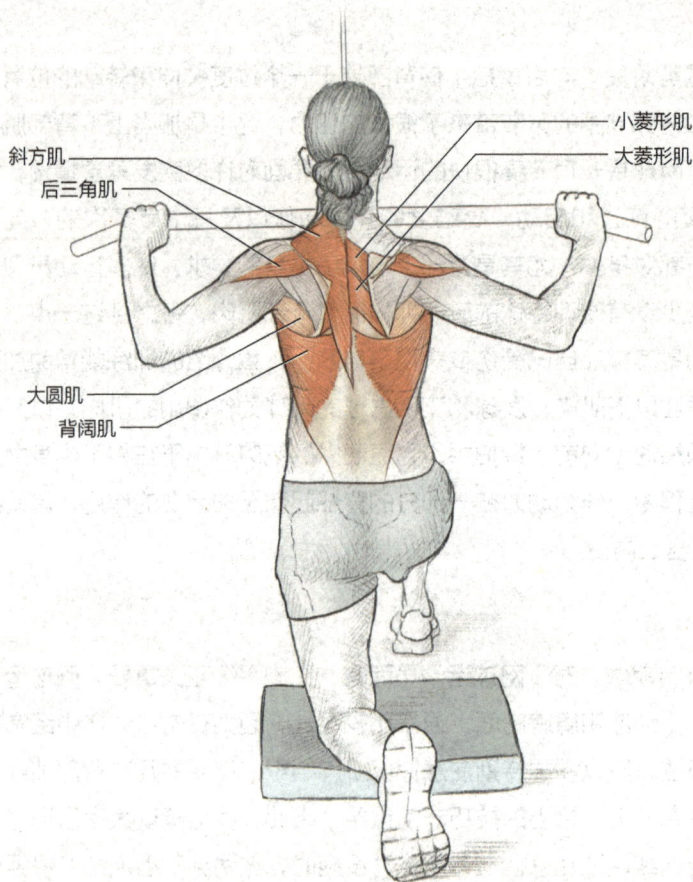

小菱形肌
大菱形肌
斜方肌
后三角肌
大圆肌
背阔肌

进行步骤 »

1 单腿跪在垫子上，面向绳索拉力器。双手分开略比肩宽，抓住把手，掌心向外。保持身体重心稳定。

2 在头上方，下拉把手至大约胸骨水平。注意将肩胛骨挤压到一起。

3 慢慢回到起始位置，重复上述动作。

参与的肌肉 »

主要肌群：背阔肌、斜方肌、后三角肌、大菱形肌和小菱形肌

辅助肌群：肱二头肌和大圆肌

网球训练要点 》

对于保护上背部和肩关节来说，此训练锻炼的肌肉扮演重要的角色，在发球和正手击球的随球动作阶段提供离心力量。肩胛骨的收缩有助于加强肌肉，保护肩胛骨。对于网球运动员而言，这些都是非常重要的肌肉。这些肌肉也负责发球的准备阶段。此训练包含了背部最大的肌群。背阔肌是背部最大和最强的肌肉，在网球击球中，同时提供向心和离心收缩。

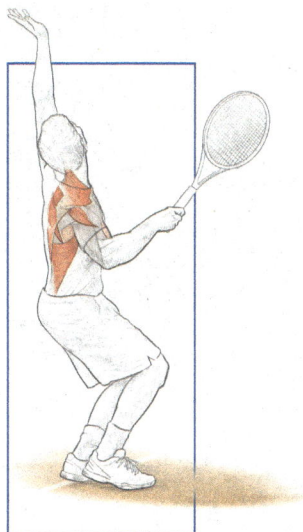

变化动作 》

引体向上

如果将双手靠近，距离约2到3英寸（5到8厘米），并将掌心向内，做引体向上姿势，那么训练重点将集中到肩胛骨周围的稳定肌群。记住一定要在头的前方下拉把手；向头后方下拉，会给关节和肩胛骨的稳定肌群带来不必要的压力。把重量下拉到胸部上方，同时略微挺胸。还可以在背部下拉机上做这个训练。

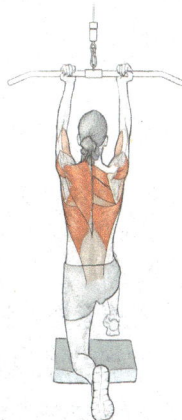

转体下拉

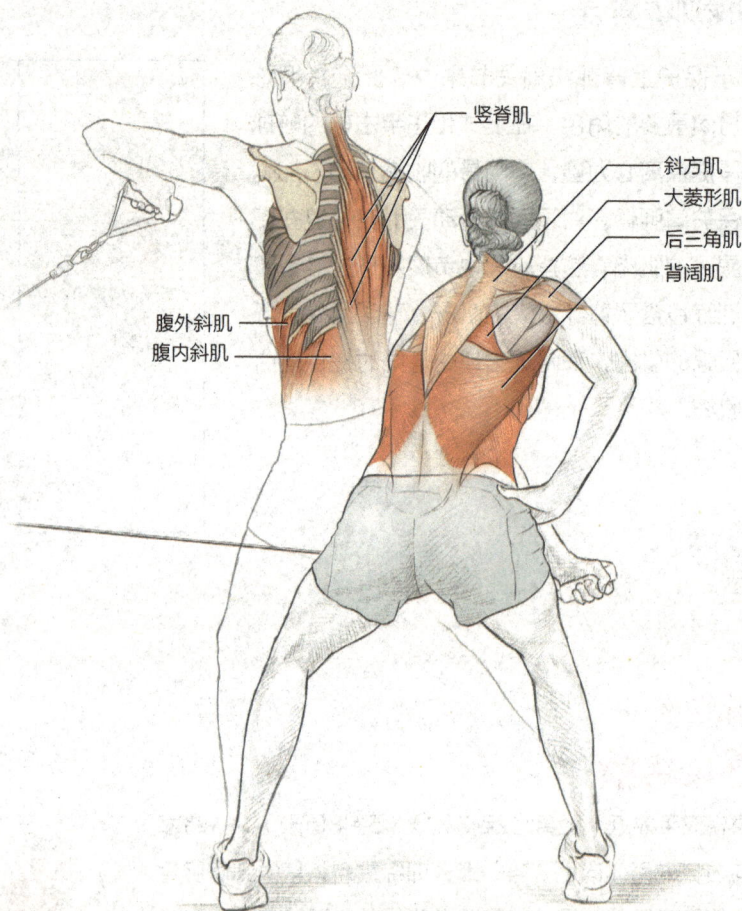

竖脊肌

斜方肌
大菱形肌
后三角肌
背阔肌

腹外斜肌
腹内斜肌

进行步骤 »

1 在绳索拉力器上，将绳索高度设定至臀部位置。在右脚外侧，左手握住把手的同时，以运动姿势站在绳索拉力器旁边（以运动姿势站立时，体重均匀分布在双脚之间，膝盖微微弯曲，背部挺直，头抬起，眼睛目视前方）。当身体稍微前倾时，保持身体的平衡，模拟打球的预备姿势。

2 在保持运动姿势的同时，拉绳子，通过上背部肌肉的收缩，将左肘抬至左肩的高度。控制绳子缓慢移动，注意要将肩胛骨挤压到一起。

3 当左臂完成重复动作之后，换右臂做相同的动作。

参与的肌肉 》

主要肌群： 大菱形肌、小菱形肌、腹内斜肌、腹外斜肌、竖脊肌和背阔肌
辅助肌群： 后三角肌和斜方肌

网球训练要点 》

在所有网球击球的减速方面，上背部都起着至关重要的作用。在单平面动作和转体动作中，这些背部肌肉都需要训练。在现代网球比赛中，转体是极其重要的。正手和反手击球以及发球都需要身体大幅度地转动，以使击球变得更有力量。通过将这个训练纳入总体训练计划，上下背部肌肉组织都能得到改善。全面的训练计划应该不仅仅关注屈伸训练，还应该注重锻炼转体时的背部肌肉，这有助于增强保护肩膀所需的肌肉，并在接球后减缓球拍和上半身的运动速度。

变化动作 》

传健身实心球

如果没有绳索拉力器，此训练还可以用一个健身实心球来代替。两名运动员背靠背站立，当他们转身时，将健身实心球传给对方，确保每个运动员在各个方向上旋转。

坐姿划船

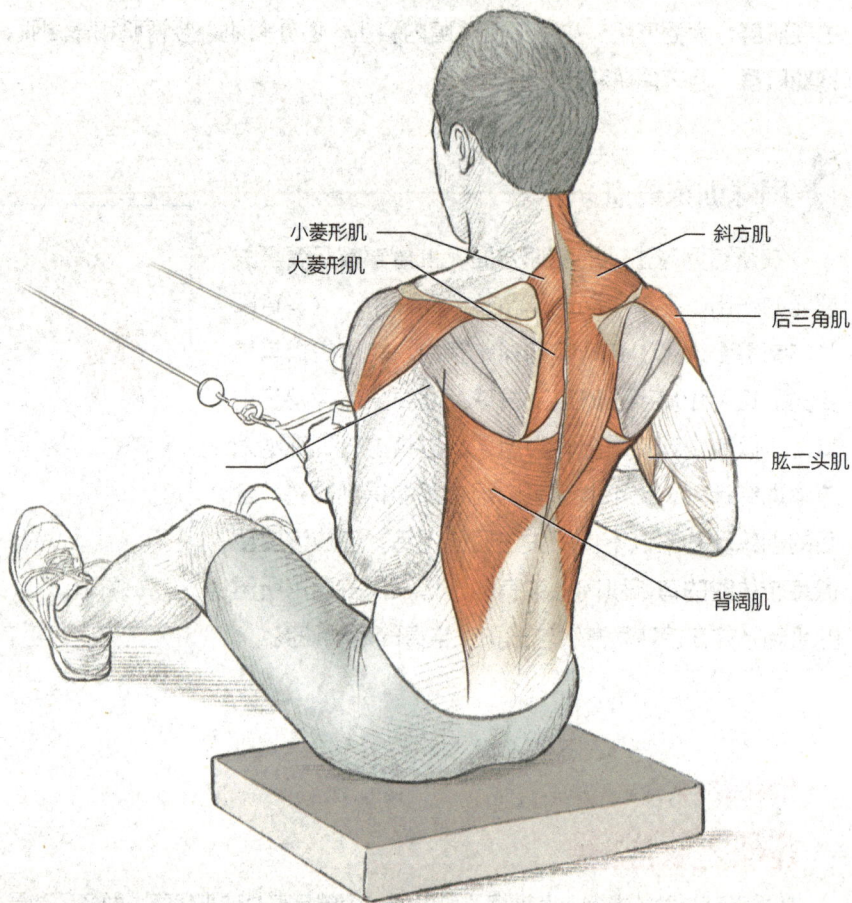

小菱形肌
大菱形肌
斜方肌
后三角肌
肱二头肌
背阔肌

进行步骤 》

1 面向一台靠近地板的绳索拉力器而坐，或者如果有的话，使用一台坐姿划船机。在胸部高度抓住把手。

2 挤压肩胛骨（收缩），将把手拉向身体。保持重心稳定。

3 慢慢地释放负重至起始位置，然后重复上述动作。

参与的肌肉 »

主要肌群： 斜方肌、大菱形肌、小菱形肌、背阔肌和后三角肌
辅助肌群： 肱二头肌

网球训练要点 »

对于网球运动员而言，这可能是最重要的上半身训练。此训练涉及的肌肉包括肩胛骨的稳定肌群，它们都需要加强，以帮助保护肩部和上背部。对于发球和正手的击球方式而言，此训练所锻炼的肌肉会产生离心力量，有助于保护肩部和上背部，尤其是在击球后的随球动作中起保护作用。此外，在反手击球中，这些肌肉也至关重要，因为它们提供向前挥拍的力量（通过向心收缩）。通过此训练，可以更好地控制菱形肌和肩胛的收缩，改善身体的姿势，减少斜方肌过度使用的可能性。过度使用斜方肌会导致颈部疼痛，增加受伤的可能性。

变化动作 »

站式划船

此训练也可以用站立的姿势完成。此外，也可以用坐姿做这个训练，但随着负重被拉回，肘部应该保持与肩同高，这样才能重点锻炼后三角肌的力量。

反式蝶机展肩

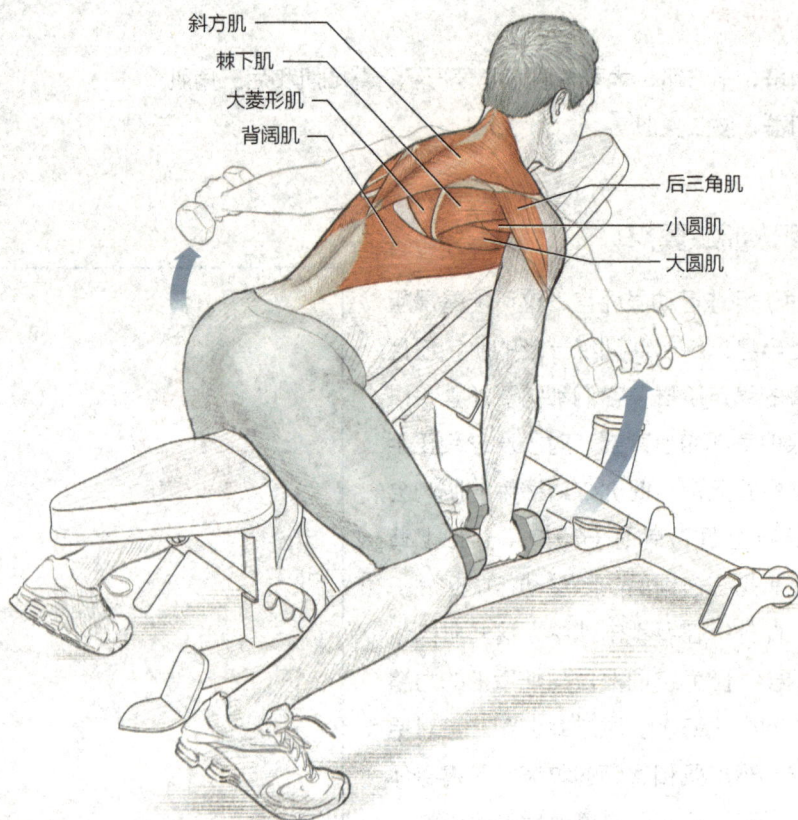

斜方肌

棘下肌

大菱形肌

背阔肌

后三角肌

小圆肌

大圆肌

安全提示

做这个训练时，不要使用太重的物体。

进行步骤 »

1 趴在一个向上倾斜且坡度为45至60度的重量训练椅上。双手各握一个哑铃。手臂应伸展，或肘部略微弯曲。掌心向内。

2 抬高肘部至肩部水平，保持掌心向下。

3 慢慢降低到起始位置。

参与的肌肉 »

主要肌群： 后三角肌、大菱形肌、小菱形肌、斜方肌、背阔肌、大圆肌、小圆肌和棘下肌

辅助肌群： 肱肌和肱二头肌

网球训练要点 »

此训练专注于锻炼那些帮助保护肩胛带的肌肉。在反手截击的接球和减速阶段，它们尤其活跃。此训练的目的是通过收缩肩胛周围的肌肉组织，以增强肩胛周围的稳定肌群。此训练应该使用较轻的物体，因为训练目标是锻炼肌肉耐力，同时掌握适当的技术。网球比赛中出现的大部分动作与此训练非常相似，在漫长的比赛中，运动员们必须完成许多次反手击球。反式蝶机展肩训练能提高运动员的肌肉耐力，保持体力以打完比赛。

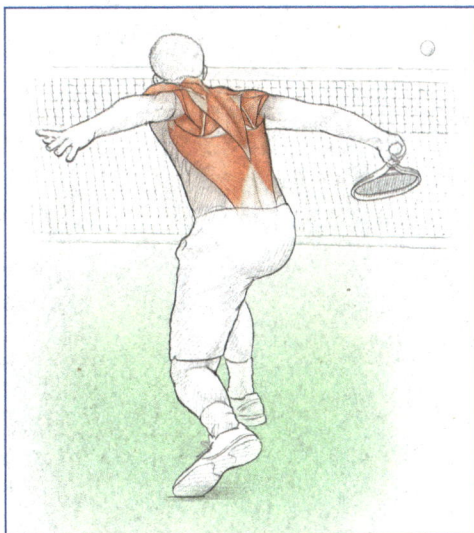

俯身杠铃划船

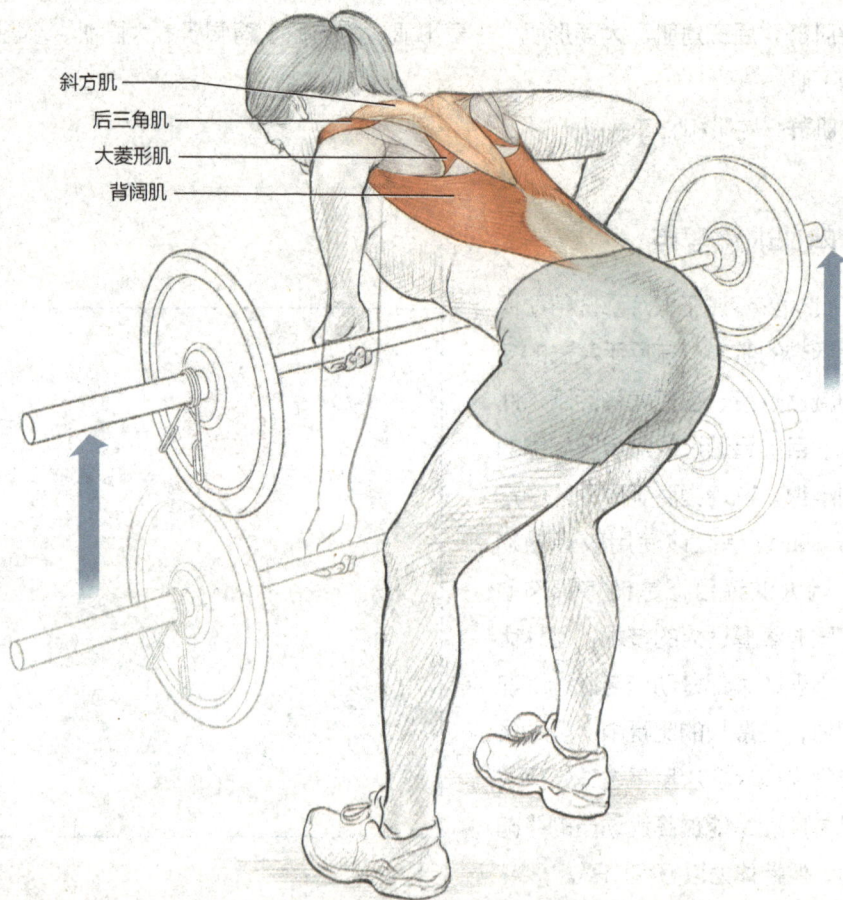

斜方肌
后三角肌
大菱形肌
背阔肌

进行步骤 »

1 双脚分开与肩同宽站立，膝盖微微弯曲（膝盖弯曲大约30度）。保持身体重心稳定，双手向下伸，距离略比肩宽，抓住杠铃。背部不要弯曲。提起杠铃至膝盖的高度。

2 从这个位置开始，将肩胛骨挤到一起，收缩菱形肌和背阔肌，上提杠铃至胸前，同时保持身体重心和下半身稳定。

3 慢慢回到起始位置，重复上述动作。

参与的肌肉 »

主要肌群： 后三角肌、大菱形肌、小菱形肌和背阔肌
辅助肌群： 斜方肌和竖脊肌

网球训练要点 »

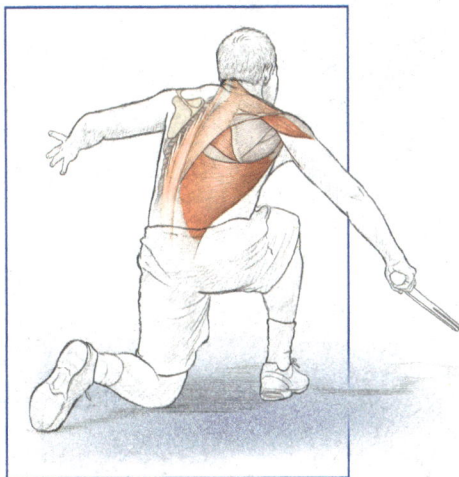

　　俯身杠铃划船的目的是增强肩胛的稳定肌群和背部肌肉的力量。此外，类似于颈前下拉训练，对于促进身体惯用侧和非惯用侧的肌肉平衡，也是一个极好的锻炼。在发球和正手击球的随球动作阶段，这些肌肉能产生离心力量，同时它们也参与反手击球的向心运动（向前挥拍）。俯身杠铃划船也有助于锻炼身体核心肌群的稳定性。

变化动作 »

哑铃划船

此训练也可使用哑铃来代替杠铃。

— 99 —

硬拉

竖脊肌

臀大肌

股二头肌
半腱肌
半膜肌

进行步骤 »

1 把杠铃放在地上或举重台上。双脚分开与肩同宽站立。正手抓住杠铃，双手距离至少与肩同宽，深蹲，直到臀部几乎与膝盖平行。将肩胛骨挤到一起。

2 收缩臀部伸肌并站直，将杠铃提起至臀部高度，同时保持两臂伸直。

3 弯曲膝盖，控制好杠铃，缓慢放回到地板上，回到起始位置。

参与的肌肉 »

主要肌群： 股大肌、股二头肌、半膜肌、半腱肌和竖脊肌
辅助肌群： 腰大肌、多裂肌、腰方肌、背阔肌和斜方肌

网球训练要点 »

　　身体受伤最频繁的部位之一是下背部。此训练锻炼了身体的许多部位，包括斜方肌和臀部，但重点是下背部。强壮的下背部非常重要，因为它是连接上半身和下半身的纽带。强壮的背部可以让下半身产生的力量传输至躯干、手臂，最终到达球拍和球。在发球中，我们可以清楚地看到这种力量的转移。硬拉训练中的抬举（向上）阶段，与发球中通常由膝盖弯曲所带来的力量相似，都能够增强产生的力量。

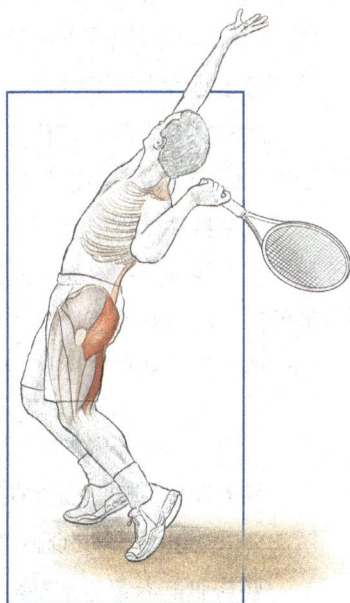

变化动作 »

正反抓握

为了增加训练重量，防止杠铃滑出手掌，我们可以使用正反抓握的方法。一只手掌心向内，另一只手掌心向外，抓住杠铃进行训练。

核心肌群和躯干

6
CHAPTER

可以将网球运动员的身体分为上半身和下半身、左侧和右侧，以及正面和背面。而核心肌群或躯干将它们与身体的其他部位相连，因此必须对这些重要的身体部位进行恰当的训练。核心肌群包含在每个运动平面都参与运动的几大肌群。在现代的网球比赛中，转体动作已经变得很常见，因此网球运动员需要培养三维视野，以便制定均衡的计划。仅仅完成一些仰卧起坐和屈膝仰卧起等运动，当然不足以使身体做好准备参加娱乐或竞技比赛，因为这些比赛需要转体、侧方、伸展过度和屈伸运动。核心肌群作为力量总和的重要组成部分，将最初阶段身体从地面产生的所有力量通过身体的其他部位转移到球拍和球上。核心肌群的网球具体训练的要点是改善稳定、平衡、体态和球技，并预防损伤。

核心肌群解剖

核心肌群解剖的重点在于身体的中心。核心肌群由前面、后面和身体两侧的肌肉群以及包裹身体的肌肉群组成。

竖脊肌群沿着脊椎并控制身体向前弯曲（图6.1a，第103页）。它有助于身体保持直立姿势。实际上，竖脊肌群由若干个独立的肌群组成，并且延伸至腰椎、胸椎和颈椎。腰方肌和多裂肌两个都是深层肌群，有助于保持脊椎稳定和侧弯。

腰大肌有时被称为髂腰肌，严格地说，它由髂肌和腰大肌组合而成（图6.1b，103页）。腰大肌把腰椎连接到臀屈肌，而髂肌对大腿向前弯曲非常重要。但是，髂肌和腰大肌都使躯干向前弯曲，并能使躯干从卧位提起（比如仰卧起坐），这是因为腰大肌跨域了多个椎关节和骶髂关节。

腹直肌由两块垂直运动的条状肌肉组成（图6.2，第103页）。腹直肌沿着腹部的前面延伸。在训练有素的运动员身上腹直肌通常是六块腹肌。腹直肌位于胸腔前面，并插入骨盆中。腹横肌位于腹直肌下方更深的部位。

腹横肌包裹着身体，就像自然的带子一样，其肌肉纤维横向运动。

核心肌群在稳定骨盆和支持身体躯干方面至关重要。腹横肌和腹内斜肌都在

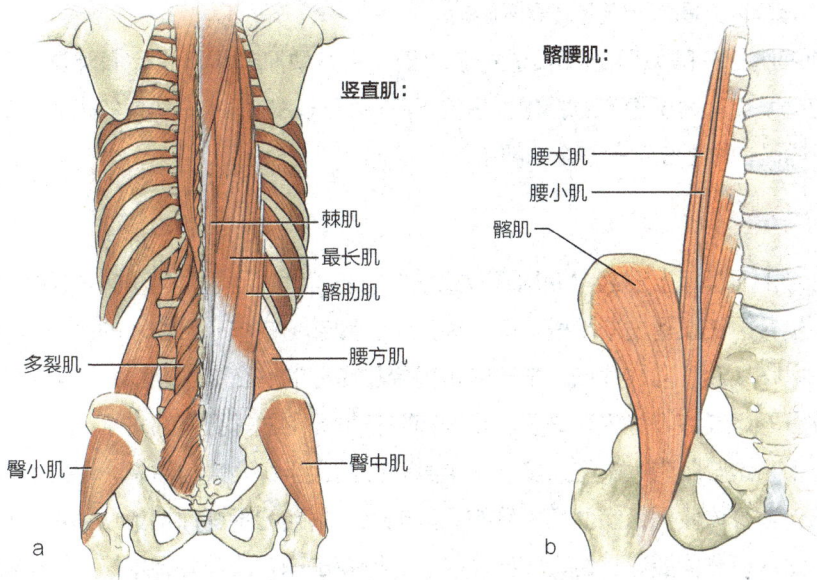

竖直肌：
棘肌
最长肌
髂肋肌
多裂肌
腰方肌
臀小肌
臀中肌

髂腰肌：
腰大肌
腰小肌
髂肌

a

b

图6.1▶身体背面（a）和前面（b）的核心肌群

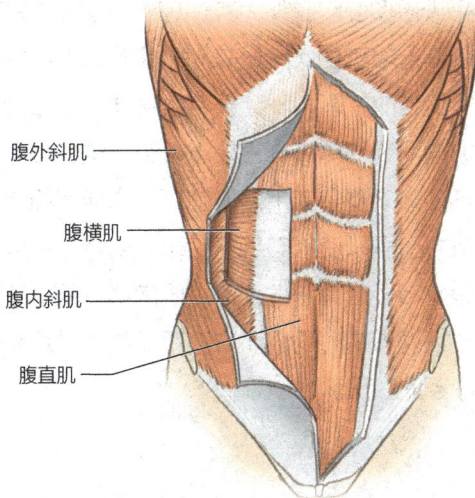

腹外斜肌
腹横肌
腹内斜肌
腹直肌

图6.2▶腹直肌及其周围的肌肉

腹外斜肌的下面。腹内斜肌就像一块宽广的薄板，它的肌肉纤维沿大约90度角向腹外斜肌移动。腹斜肌能促进躯干旋转。

前锯肌（在第4章和第5章进行了介绍）由八块肌肉构成，使肩胛骨向前伸展。前锯肌也有助于稳定肩胛骨。它位于胸侧第八块或第九块肋骨的表面，沿着肩胛骨内侧边界插在它的整个前部中。

击球和核心肌群运动

如今的网球运动员经常使用开放式站位击打落地球。这种击球方法需要使身体横向旋转。在准备击球阶段（向后挥拍），腹部（或核心肌群）的肌肉拉伸，以便可以在加速（向前挥拍）击球的阶段释放储存的潜在弹性能量。适当的核心肌群准备不可或缺，这将有助于防止受伤并在球场上发挥更好的水平。记住，在动力链中，这些肌肉大多将力量从下半身转移至上半身。换句话说，平衡的训练计划应包含身体背面、前面和两侧的肌肉训练。适当的平衡训练计划将有助于在极限位置保持身体姿态、稳定和身体控制。所有击球方法都会调用核心肌群和躯干。因此，加强这些肌肉的训练更为重要。

核心肌群训练

许多网球运动员将每天做仰卧起坐作为其训练的一部分。对于网球运动员而言，完成仰卧起坐、屈膝仰卧起和任何其他有利于腹部的训练并没有任何问题。但是，更重要的是要保持适当的平衡。一定要包含身体前面和后面肌肉的训练，以及促进身体旋转的肌肉的训练。训练一天休息一天，这样做对提升球技和防止受伤有很大的帮助。许多训练不需要使用器械就可以完成，因自己的体重可充当阻力。如果需要更多的阻力，可以使用健身实心球，或者其他形式的重量阻力，比如哑铃、杠铃片和沙袋。由于这些是身体的大肌肉群，因此它们提供平衡和稳定性。进行这些训练时，速度不是问题。而应该用适当的技巧完成这些训练，并确保身体的核心肌群得到全面的锻炼。

屈膝仰卧起

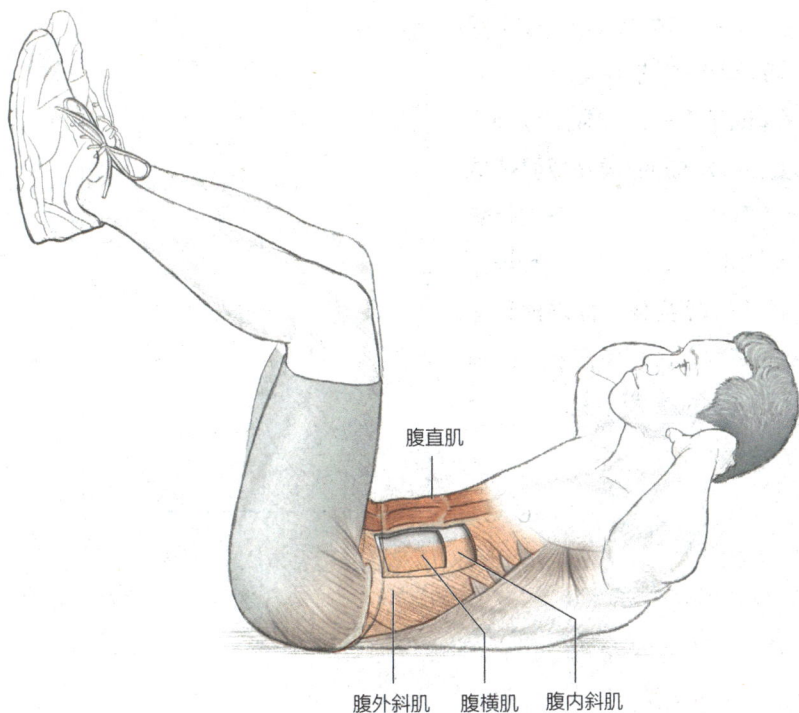

腹直肌

腹外斜肌　腹横肌　腹内斜肌

进行步骤 »

1　平躺在地板上，臀部和膝盖弯曲呈90度，双脚离地，双手置于耳朵旁。

2　肩膀抬起，上背部离开地面，用力收缩腹部，使胸部向前，同时要保持下背部接触地面。重点是收缩核心肌群以带动身体运动。不要用手拉脖子来带动运动。

3　慢慢降低上背部和肩膀到起始位置，重复上述动作。

参与的肌肉 »

主要肌群：腹直肌

辅助肌群：腹横肌、腹内斜肌和腹外斜肌

网球训练要点 »

　　在所有的网球击球中，在不同
的运动时间点收缩和放松核心肌
群，这有助于提升球技并减少受伤
的可能性。发球的时候腹直肌在球
拍与球接触时收缩，并且在击打落
地球和截击时作为辅助肌群参与。
核心肌群在稳定身体方面发挥着非
常重要的作用，特别是在所有击球
（包括发球）的减速阶段。

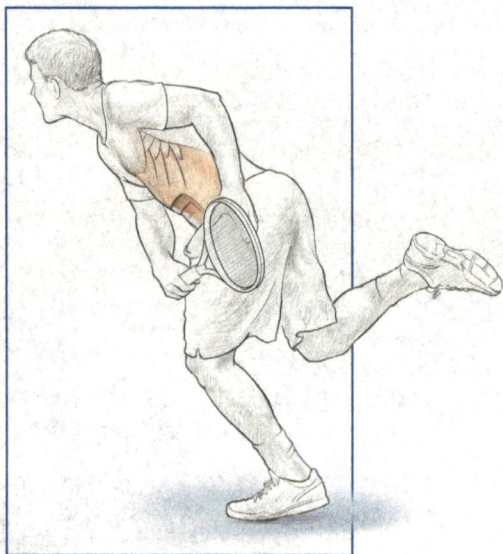

变化动作 »

反向卷腹

反向卷腹的开始位置与屈膝仰卧起一样。但是通过用力收缩腹直肌和臀屈肌（髂
腰肌和股直肌）和腹斜肌，使骨盆抬离地面，而不是使肩膀和上背部离开地面。
反向卷腹有助于核心肌群和臀屈肌下部的锻炼。网球运动员在击打落地球和截击
时，依靠这些肌群让身体处于低重心状态。网球运动员的此部位经常受伤，而增
加反向卷腹训练将有助于强化身体下部的核心肌群。

侧式卷腹

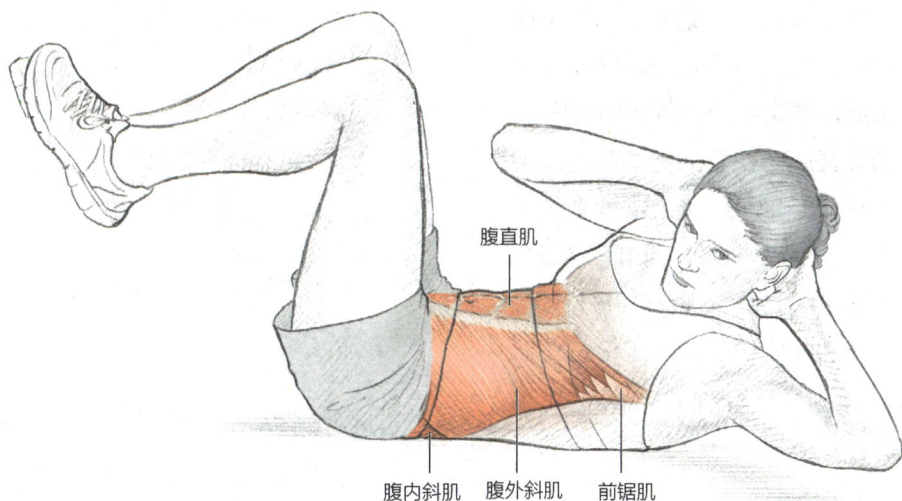

腹直肌

腹内斜肌　　腹外斜肌　　前锯肌

进行步骤 »

1 平躺在地板上，臀部和膝盖弯曲呈90度，双脚离地，双手置于耳朵旁。

2 开始做仰卧起坐和卷腹运动时，转动躯干，右肘移向左膝，努力与左膝接触。

3 慢慢地使身体回到开始的位置。接下来重复上述动作，左肘移向右膝。

参与的肌肉 »

主要肌群：腹内斜肌、腹外斜肌和腹直肌
辅助肌群：前锯肌、髂肌、腰大肌和腹横肌

网球训练要点 >>

大多数网球运动都在横向平面上旋转。因此，在运动模式中加强核心肌群非常重要。腹内斜肌、腹外斜肌和腹直肌是主要的驱动肌肉。但是，在正手和反手击打落地球和发球期间，核心肌群的旋转肌群在准备发球阶段非常活跃，在此阶段进行预拉伸；在加速阶段会再次拉伸这些肌肉，释放身体的储存能量以加速挥拍。

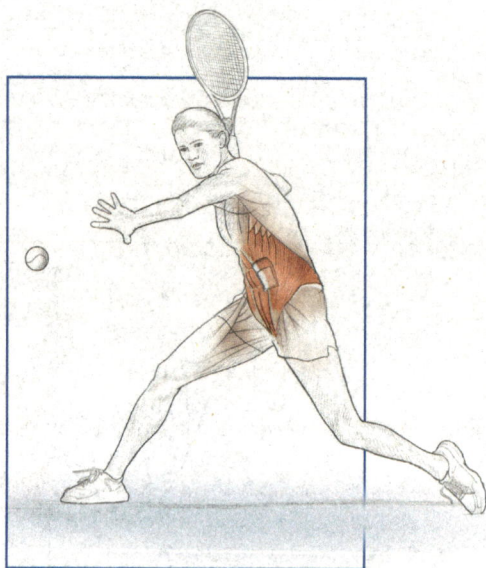

变化动作 >>

空中蹬车

空中蹬车与侧式卷腹的开始位置相同。当右肘移向左膝时，通过核心肌群的收缩和髋关节伸展来伸展右腿。然后在另一侧重复同样的动作。此训练可以慢速、中速或快速的方式完成。

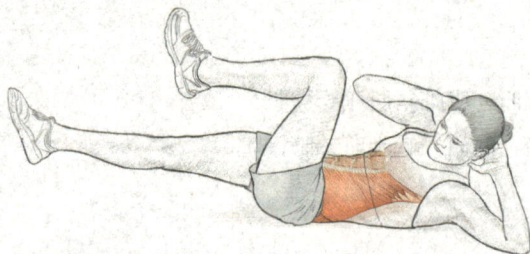

触足卷腹

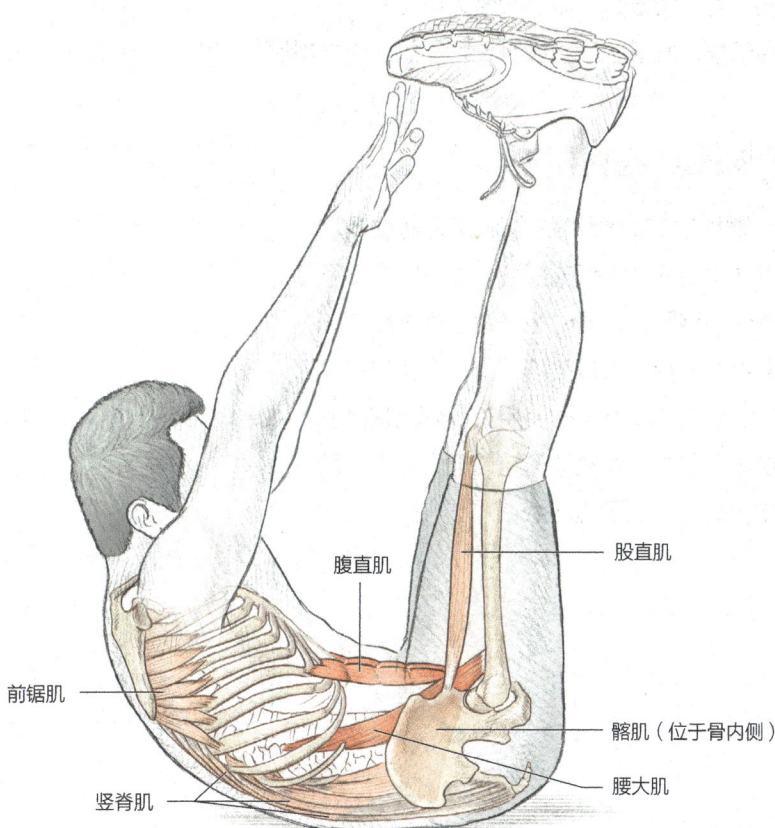

前锯肌

腹直肌

股直肌

髂肌（位于骨内侧）

腰大肌

竖脊肌

进行步骤 »

1 平躺在地板上，臀部弯曲呈90度，双脚伸直，同时脚跟指向天花板。手臂伸直，放在眼前。

2 利用核心肌群收缩带动运动，举起手触碰脚趾头。在此过程中，要保持双脚与腿垂直，同时放松颈部。

3 当继续收缩腹部时，慢慢降低到开始位置，然后重复上述动作。

参与的肌肉 »

主要肌群： 腹直肌、髂肌和腰大肌

辅助肌群： 股直肌、腹横肌、前锯肌、腹外斜肌、多裂肌和竖脊肌

🎾 网球训练要点 »

　　臀屈肌的力量和腘绳肌的柔韧性是网球运动中最重要的组成部分。此训练有助于锻炼这两种肌肉，同时也有助于锻炼腹部和下背部的力量。当蓄势下半身以准备击打落地球、截击球和发球时，拥有良好的臀屈肌强度至关重要。在发球的随球动作和蓄势动作中很好地体现了这一点。

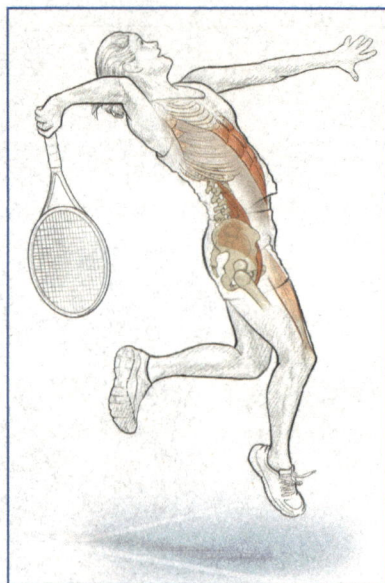

变化动作 »

转体触足卷腹

完成相同的动作，但是当举起手碰触脚趾时，用左手触碰右脚外侧。重新回到开始位置，然后用右手触碰左脚。此训练能够更大程度地调用腹斜肌和前锯肌。

平板支撑

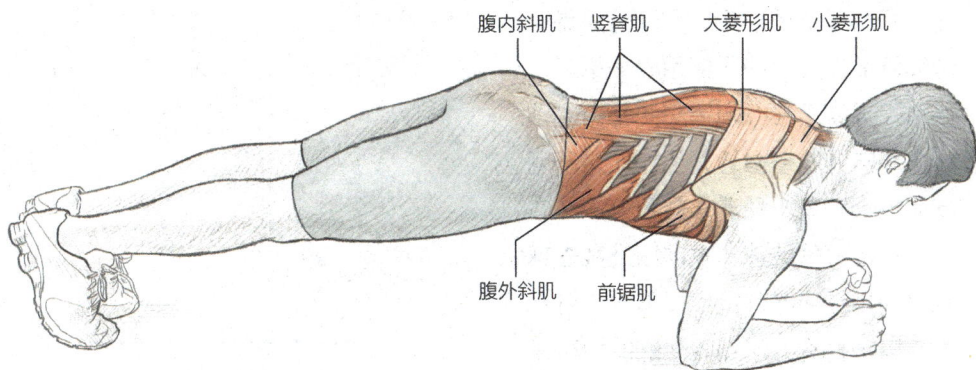

腹内斜肌　竖脊肌　　大菱形肌　小菱形肌

腹外斜肌　前锯肌

进行步骤 »

1　面朝下躺下，用手肘和前臂支撑身体，与肩膀成一条直线。腿伸直，贴住地面，脚、膝盖和股四头肌接触地面，双脚分开大约与肩同宽。

2　通收缩核心肌群和臀部肌群，抬起身体以形成拱形，前臂和脚趾下推。将身体抬离地面，直到只有前臂和脚趾接触地面。

3　保持这个姿势，同时保持脊柱中立（背部平直）。初学者保持这个姿势10到30秒，优秀运动员保持此姿势1到3分钟。

安全提示　不要让臀部和背部下垂。此训练只有在保持肩膀和脚成一条直线时才有效。

参与的肌肉 »

主要肌群：腹横肌、腹直肌、腹内斜肌、腹外斜肌、多裂肌和竖脊肌
辅助肌群：髂肌、腰大肌、前锯肌、大菱形肌和小菱形肌

网球训练要点 »

在所有的运动中，网球运动是一项充满活力的运动，使用收缩循环。尽管平板支撑是一项提高肌张力的训练，不需要收缩循环，但是这对于网球运动仍然是一种非常重要的训练方法。在击打落地球、发球以及截击球或过顶扣球的与球接触过程中，稳定身体以击打离身球和转体的能力可通过平板支撑训练进行改进。同时平板支撑对于预防核心肌群和臀部肌肉损伤也非常重要，而这些部位是网球运动员容易损伤的部位。通过提高训练的难度，比如在适当时保持长时间不动或者增加训练的阻力，达到持续进行此训练的目标。

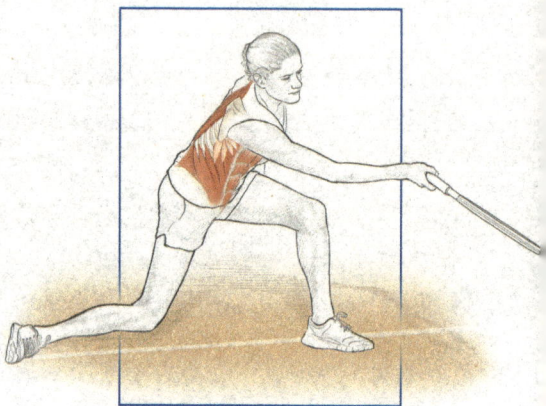

变化动作 »

侧身平板支撑

侧身平板支撑在许多平板支撑的一种变化动作。对于侧身平板支撑训练，依靠右肘保持侧躺，同时肩膀和臀部与地板平行。把左手放在臀部。这种侧躺的状态大大地增强了腹斜肌的肌肉刺激，这对提高转体时身体的稳定性至关重要。其他变化动作包括负重平板支撑和不均衡平板支撑。只有在需要更多阻力来继续锻炼时，才应该进行负重平板支撑。不均衡平板支撑是在一个不稳定的平面进行的，比如在健身实心球或者博苏球上，这就需要更高的稳定性和更多的核心肌群收缩来保持良好的姿势。

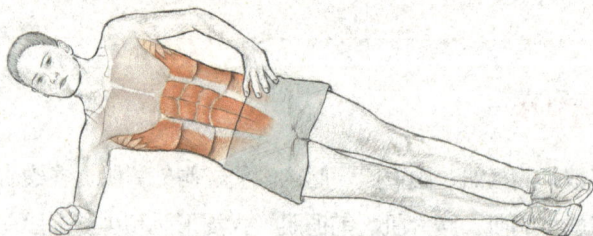

俄罗斯式扭转

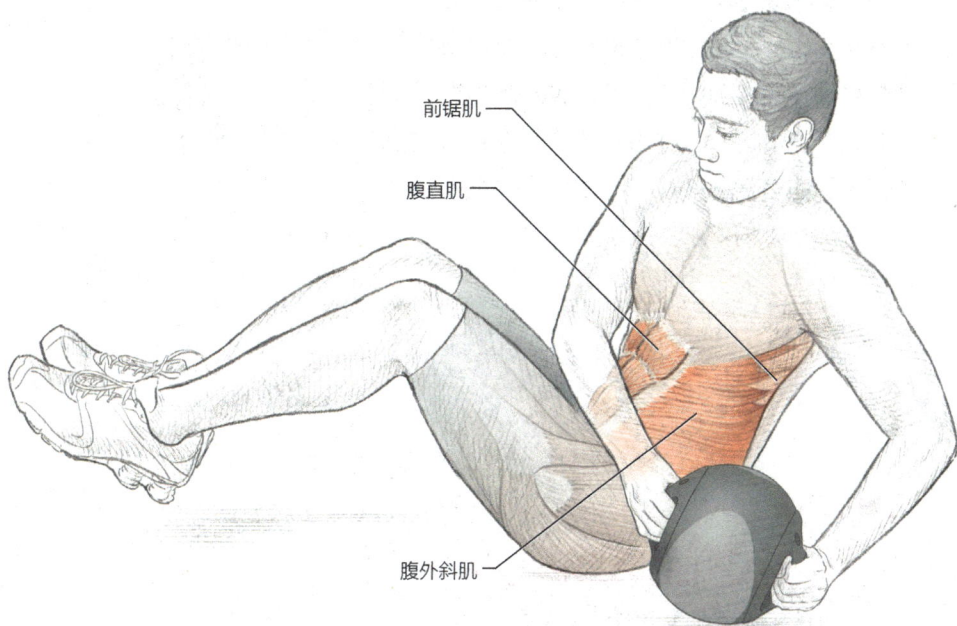

前锯肌

腹直肌

腹外斜肌

进行步骤 »

1 坐在地板上，在身体前方，用双手握住一个健身实心球，臀部和膝盖靠近肩膀弯曲约45度。上背部与地板保持45度角，并与大腿形成90度角。双脚离地。

2 身体躯干向左侧旋转，以便健身实心球和左臀接触地板。

3 旋转身体躯干回到右侧，以便健身实心球和右臀接触地板。

参与的肌肉 »

主要肌群： 腹直肌、腹内斜肌和腹外斜肌

辅助肌群： 前锯肌、髂肌、腰大肌、腹横肌和多裂肌

网球训练要点 ≫

这项训练着重训练击打落地球所需的动作，特别是在正手和反手击打落地球的向后挥拍阶段。在一个转体动作路线上，以不同的旋转速度进行此训练还有助于锻炼核心肌群的力量。当使用较小的阻力并以较快的速度击球时，效果也是一样的。

变化动作 ≫

在运动球上进行俄罗斯式扭转

首先，使身体躺在运动球上，脚放在地上，同时肩膀和上背部靠在运动球上。躯干向右侧旋转，感觉到右侧腹斜肌收缩。左侧重复同样的动作。由于此训练不是很稳定，因此它需要调动更多的辅助肌群来保持身体平衡。

游泳

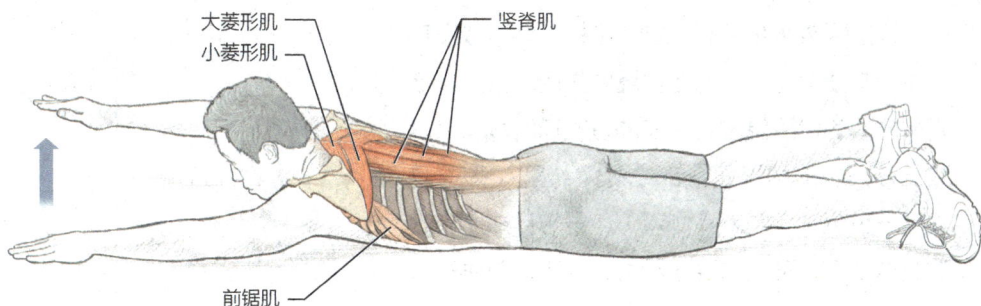

大菱形肌

小菱形肌

竖脊肌

前锯肌

进行步骤 »

1 面朝下躺在地板上，手臂伸展到头部前面。

2 双脚接触地板，通过收缩整个背部和肩膀的肌肉，举起和放下左臂。

3 更换手臂，举起和放下右臂。

4 训练时，交替手臂，按以上的步骤重复这项运动。

参与的肌肉 »

主要肌群： 竖脊肌、多裂肌、大菱形肌和小菱形肌

辅助肌群： 背阔肌和前锯肌

网球训练要点 »

大部分网球动作会大量调动下背部的肌肉，包括竖脊肌和多裂肌。在击打落地球或发球之后的减速期间，它们起着重要作用。在发球期间所发挥的作用更重要。在准备发球阶段，大多数发球好手的肩膀和臀部之间大约呈20度。身体躯干也会纵向倾斜（侧弯）。要想完成此有效的发球动作，不仅需要强壮稳定的下背部肌群来预防肌肉损伤，还要能够将力量高效地转移给球。

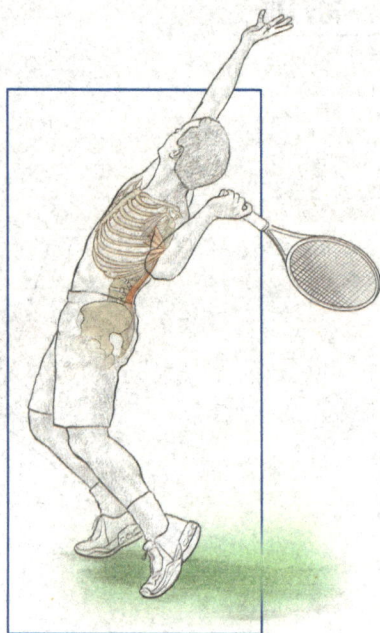

变化动作 »

转体游泳

此动作与游泳训练采用相同的动作，但不是在一个平面上举起和放下手臂，而是在举起手臂时轻微旋转躯干和上背部。这需要更多的肌肉运动，比如背阔肌、腹斜肌和前锯肌。

卧雪天使

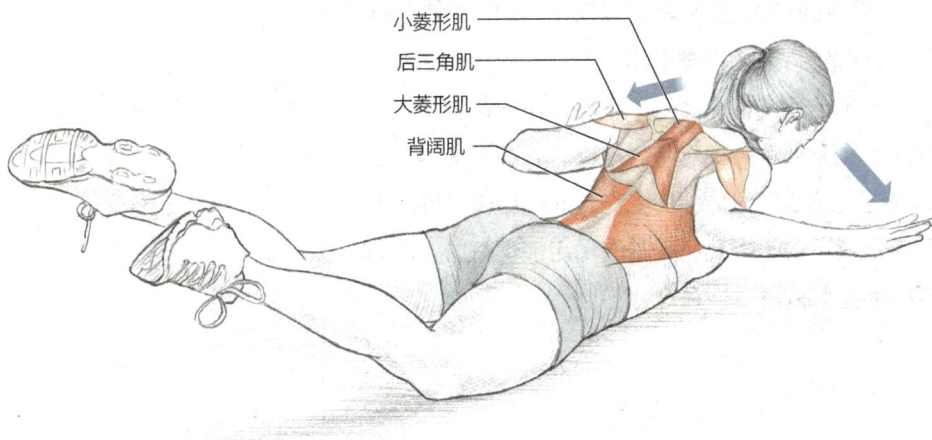

小菱形肌
后三角肌
大菱形肌
背阔肌

进行步骤 »

1 面朝下躺在地板上，用手触摸头部，同时手肘弯曲约45度。伸展大腿，双脚离地。

2 通过挤压肩胛骨，将手肘移向臀部。同时保持手肘弯曲45度。抬起上背部，保持双脚离地。

3 回到开始位置，重复上述动作。

参与的肌肉 »

主要肌群： 竖脊肌、多裂肌、大菱形肌、小菱形肌和背阔肌
辅助肌群： 后三角肌

网球训练要点 »

这项训练在保护背部免受损伤方面特别重要。此训练可强化在发球和过顶扣球的随球动作中向心收缩的肌肉，从而保护肩胛骨和下背部的肌肉组织。上背部保持稳定有时被称为肩胛骨稳定。此训练还可防止此身体部位受伤。此训练重点锻炼下背部肌肉，对于提高肩胛骨的稳定性也有益，因为菱形肌是和肩胛骨连在一起的。

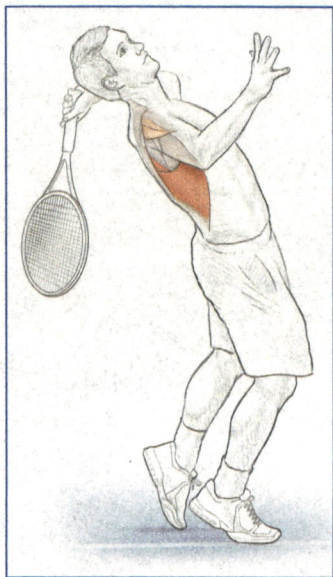

俯卧两头起

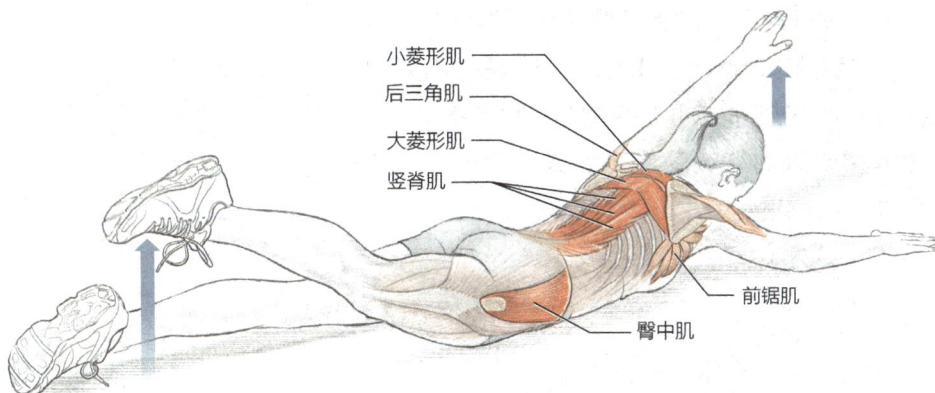

小菱形肌
后三角肌
大菱形肌
竖脊肌
前锯肌
臀中肌

进行步骤 >>

1 面朝下躺在地板上，双臂伸直，放在头前。保持大腿伸直，双脚放在地板上。

2 将左臂抬离地面，同时将右腿抬离地面。收缩上背部和下背部的肌肉。控制身体运动，重点在于收缩背部肌肉。

3 回到开始位置，改用右臂和左腿，重复上述动作。

参与的肌肉 >>

主要肌群： 竖脊肌、多裂肌、大菱形肌、小菱形肌和臀中肌
辅助肌群： 后三角肌、前锯肌和背阔肌

网球训练要点 »

　　由于许多网球击球方法都需要交叉动作，因此具有良好的平衡和上下肢的相反控制非常重要。右手网球运动员发球时，上半身的右侧积极参与，而下半身的左侧主要提供力量和稳定性。这就需要以功能交叉方式训练下背部和核心肌群。

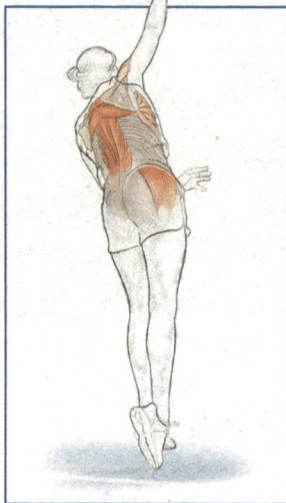

变化动作 »

超人飞

超人飞采用类似的姿势，但要同时抬起大腿和手臂。这会使得训练更加困难，因为必须很好地控制背部和腹部肌群。一个比较容易的办法是超人跪，四肢着地。当抬起左臂和右腿时，右臂和左腿着地来保持身体平衡。此训练锻炼相同的肌肉，但调动的下背部肌肉较少，主要调动腹横肌和臀部稳定肌。

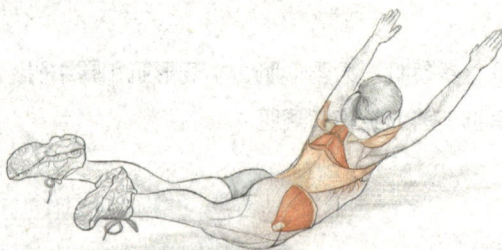

腿部

网球教练经常这样说，如果接不到球，再好的击球方法也没有用。适当的步法技巧（请参见第9章了解详细信息）对于球场上的成功十分重要。此外，对于带动动力链，并将力量从地面转移到身体的其他部位而言，强壮有力的腿部是关键，因为它可以从地面获得适宜的力量。为了在比赛中获胜，肌肉力量和肌肉耐力都很重要，因为它们能够产生爆发力，维持运动员打完一场漫长的比赛。强壮有力且状态良好的腿部还有一个额外的好处，那就是有助于保持身体的平衡。当球员未处于合适的位置时，这一点尤为重要。改变方向时，强壮的腿部还能帮助运动员克服身体的惯性，这种情况平均每局发生四到五次。状态良好的腿部也会影响每次网球击球的完成质量。

腿部解剖

盆骨形成一个环状结构，将脊椎连接至下肢。身体中许多最强壮的肌肉都与盆骨相连，这使得身体的重量被平稳地转移到腿部。大腿的主要骨头是大腿股骨，它将髋关节连接至膝关节。小腿的两个主要骨头是胫骨和腓骨，它们将膝关节连接到踝关节。膝关节是一个屈戌关节，能够弯曲和伸展，类似于肘关节。

股四头肌是大腿前面主要的肌肉组织，负责扩展小腿，由股直肌、股外侧肌、股内侧肌以及股中间肌构成（图7.1，第122页）。

大臀肌的肌肉包括臀大肌、臀中肌和臀小肌（图7.2，第122页）。臀大肌主要负责扩展（伸直）腿部，而步行或跑步时，臀中肌和臀小肌一起，共同维持非承重腿的骨盆水平。大腿后部的腿后肌群能使膝盖弯曲，这些肌肉包括股二头肌、半膜肌和半腱肌。其他主要的大腿肌肉还包括股薄肌，它有助于屈腿、内侧旋转臀部以及并拢大腿；还有缝匠肌，它是一块较长的肌肉，有助于弯曲大腿，以及伸展膝盖。

耻骨肌
阔筋膜张肌
缝匠肌
长收肌
股薄肌
股直肌
股外侧肌
股内侧肌

腰大肌
髂肌

短收肌
长收肌
股中间肌
大收肌

胫前肌
腓肠肌
比目鱼肌
趾长伸肌

长伸肌

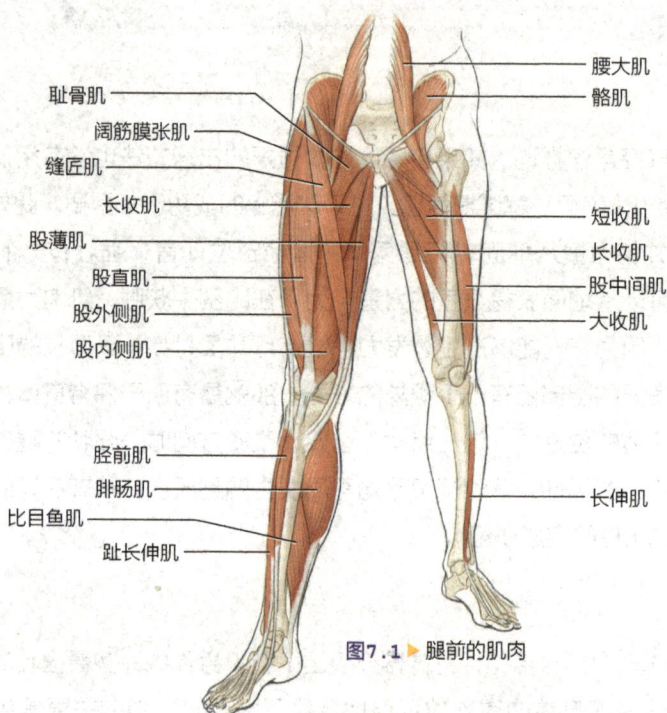

图7.1 ▶ 腿前的肌肉

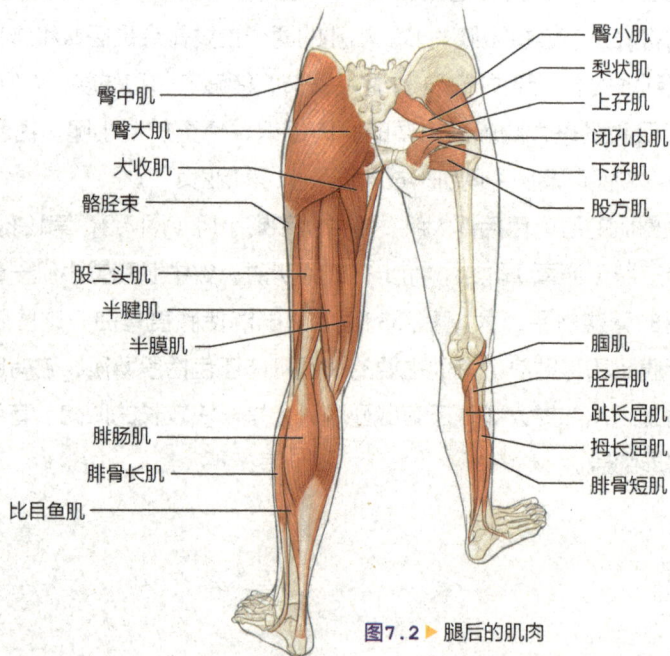

臀中肌
臀大肌
大收肌
髂胫束

臀小肌
梨状肌
上孖肌
闭孔内肌
下孖肌
股方肌

股二头肌
半腱肌
半膜肌

腘肌
胫后肌
趾长屈肌
拇长屈肌
腓骨短肌

腓肠肌
腓骨长肌
比目鱼肌

图7.2 ▶ 腿后的肌肉

小腿由三个肌肉群构成。在小腿的后侧（图7.3a），腓肠肌和比目鱼肌构成了小腿肌肉，它们负责脚的跖屈，这是跑步时获得良好的推力所必需的。小腿前部的肌肉（图7.3b）包括胫前肌、趾长伸肌以及长伸肌。这些肌肉都是脚部的背屈肌肉。这意味着当这些肌肉收缩时，会将脚趾向胫骨抬起。小腿的外侧肌肉在腓骨的一侧，腓骨是两个小腿骨头中较小的那一个，包括腓骨长肌、腓骨短肌。他们的主要目的是阻止反向运动（脚底向内）。换句话说，他们帮助支撑脚踝，预防最常见的脚踝扭伤。此外，他们还有助于脚的跖屈和向外翻转（脚底向外）。另一个肌肉是腘肌（参见图7.2，第122页），对于网球运动员而言，它至关重要。腘肌通过略微旋转，打开膝关节，使伸直的腿变弯曲。它是小腿肌肉中藏得较深的一个，位于膝盖的后面。跑步、停止运动以及改变方向时，所有这些肌肉都起着非常重要的作用。

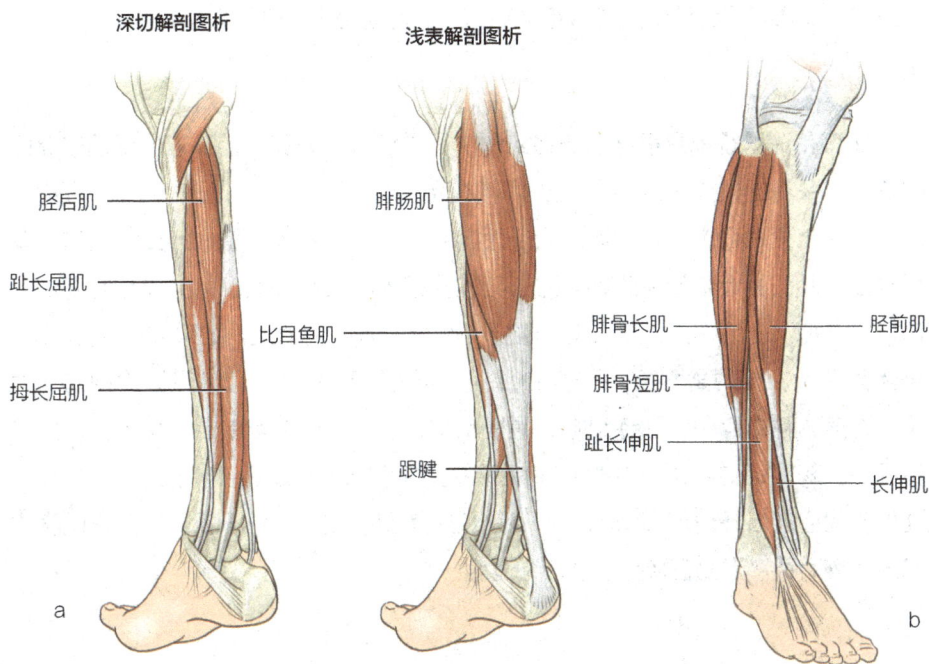

深切解剖图析

浅表解剖图析

胫后肌
趾长屈肌
拇长屈肌
腓肠肌
比目鱼肌
跟腱
腓骨长肌
腓骨短肌
趾长伸肌
胫前肌
长伸肌

a

b

图7.3 ▶ 小腿和足部：（a）后侧图和（b）前侧图

击球和腿部运动

为了打好网球，腿部必须提供一个强大的、稳定的基础支撑。击打落地球和截击都是从一个小碎步开始，在此期间，腿部肌肉吸收降落在地上的冲击力，通常紧随其后的是一个极具爆发力的运动，面向一个或另一个方向。当球员为了接远球而跑得太偏时，他必须快速地返回到球场中心。如果他的腿部训练有素，而且非常强壮，就可以一次又一次地迅速回到赛场中心，而且没有疲劳的感觉。显然，腿部的爆发力用处很大，但是为了能够完成这些动作，肌肉耐力也是极其重要的。

球员经常为了接低球而反复弯腰，这时腿部起着重要作用。低截击就是一个很好的例证，它经常出现在双打比赛中，而这种击球姿势需要强大的腿部力量。

发球是唯一一个从静态开始的击球。通过强有力的弯曲和伸展，腿部产生一个纵向推力。在单打比赛中，需要经常重复这个动作，因为球员每隔一场比赛就要发球。本章介绍的训练通过锻炼腿部为网球运动提供基础性力量。

腿部训练

跳箱和深蹲跳都是很好的增强式训练，重点锻炼力量，但是它们都是较高级的练习。只有当建立了恰当的腿部肌肉力量基础之后，才可以把它们加入训练计划中。在比赛过程中，网球运动需要面向各个方向不停地奔跑。因此，在做一些需要在坚硬表面着陆的弹跳练习时，应该要格外小心超额的压力。进行腿部训练项目时，每次训练之间至少要有一整天的恢复时间。根据各种因素的不同，比如身体健康状况和力量水平、比赛的日程、所处的赛季以及训练目标（例如，力量、力度、耐力等），训练组数、重复次数以及训练所使用的阻力也会有很大的不同。了解网球的力量和体能训练专家，能够帮您找到最适合自己的训练项目。此外，他还能够评价您每次训练的姿势和所使用的技巧。由于腿部肌肉在比赛中已经非常活跃，因此它特别容易训练过度。

深蹲

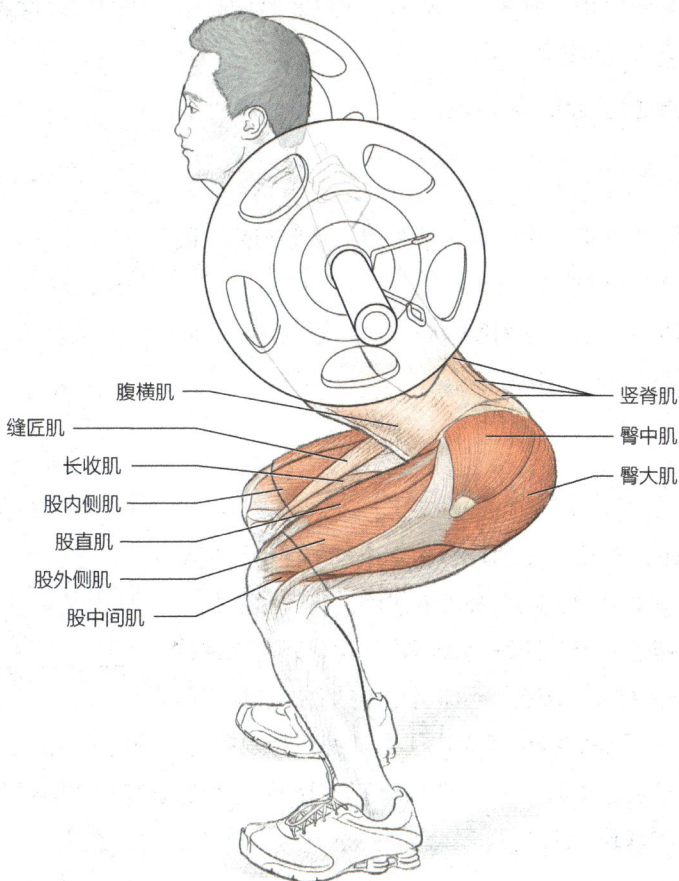

腹横肌
缝匠肌
长收肌
股内侧肌
股直肌
股外侧肌
股中间肌

竖脊肌
臀中肌
臀大肌

安全提示

确保膝盖不要发软打颤，蹲下时膝盖和脚的第二趾头对齐。

进行步骤 »

1 在头的后方放置一个杠铃，担在肩部，斜方肌的上面。双手握住杠铃，双手之间保持合适的距离。将肩胛骨挤到一起。保持双脚分开大约与肩同宽，脚尖向前或略分开。

2 从起始位置，慢慢弯曲膝盖，将体重推向脚跟。保持背部挺直。降低身体直到大腿与地面平行。

3 伸展膝盖回到起始位置。

参与的肌肉 »

主要肌群：臀大肌、臀中肌、股外侧肌、股直肌、股内侧肌和股中间肌

辅助肌群：缝匠肌、股薄肌、长收肌、短收肌、大收肌、竖脊肌、多裂肌和腹横肌

网球训练要点 »

深蹲训练所涉及的肌肉在每次击球中都是至关重要的。这些大多是大块而强壮的肌肉，在奔跑、改变方向中的推出和着陆阶段起着积极作用，还可以保持预备姿势的平衡与稳定。网球运动中的每次击球都需要一个类似于深蹲的姿势。由于发球通常是最有力的击球，因此它需要一个强大、稳定的支撑基础。深蹲训练锻炼的肌肉包括臀部肌肉和腿部肌肉，能够提供一个坚实的基础，让球员将力量从地面转移到躯干和肩部的肌肉上。

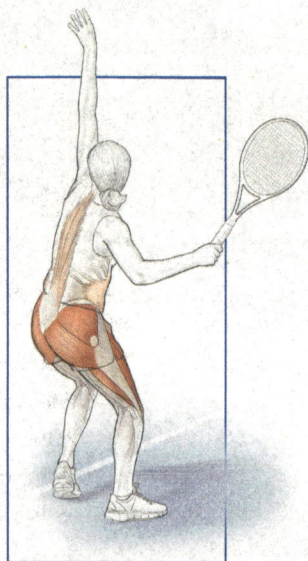

变化动作 »

颈前深蹲

颈前深蹲由常规的深蹲训练演变而来。在颈前深蹲中，杠铃放置在前三角肌上，双手交叉，手掌从杠铃杆上方穿过。颈前深蹲主要集中锻炼股四头肌。关键是要保持背部挺直，以帮助保持平衡。通常情况下，颈前深蹲使用较轻重量的杠铃。

罗马尼亚硬拉

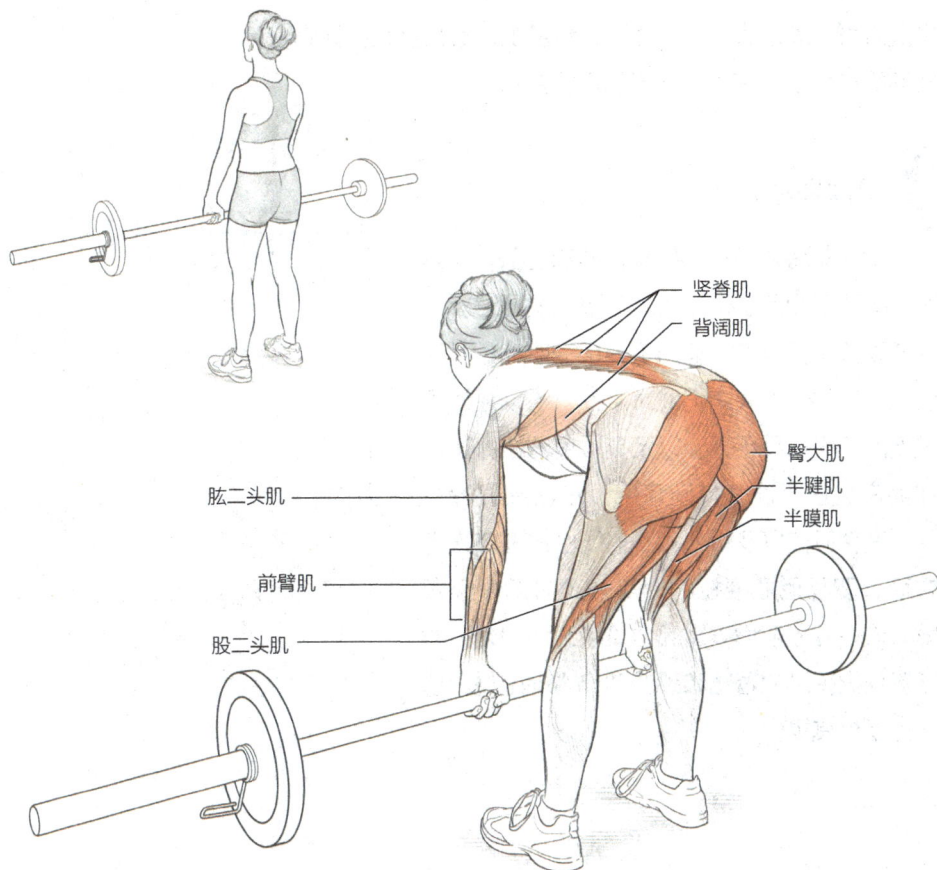

竖脊肌
背阔肌
臀大肌
半腱肌
半膜肌
肱二头肌
前臂肌
股二头肌

进行步骤 »

1 双脚分开与肩同宽站立，膝盖微微弯曲（运动姿势）。在身体前面抓住一个杠铃，手臂下垂，位于大腿前方。双手距离大约与肩同宽，掌心面向身体。

2 缓慢降低杠铃至小腿中间，把臀部作为铰链运动的中心。保持前骨盆略微倾斜的同时，臀部应该尽量向后伸与向上提。

3 伸展臀部和腰部，重新举起杠铃，挺胸站直。

参与的肌肉 »

主要肌群： 股二头肌、半腱肌、半膜肌、臀大肌和竖脊肌
辅助肌群： 肱二头肌、背阔肌和前臂肌

网球训练要点 »

　　这个训练对所有的网球击球都有益，尤其对改善正手和反手击打落地球更为重要。罗马尼亚硬拉不仅有助于增强下背部的肌肉和腘绳肌，也有助于提高它们的灵活性。特别是对于较低的正手与反手球，以及高难度的击打落地球而言，这个训练特别管用。在提高发挥水平、避免肌肉以及臀部和膝盖周围的关节损伤方面，罗马尼亚硬拉的训练效果可谓一箭双雕。该训练还能增强臀部伸肌的离心力量，对于赛场上弹跳的着陆和改变动作方向来说，这一点是极其重要的。

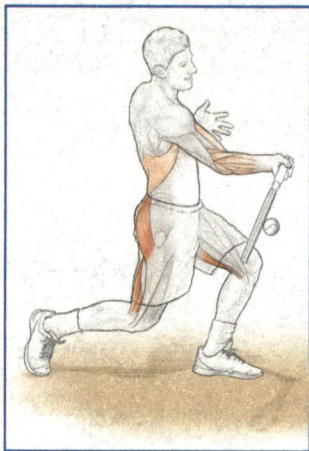

腿筋拉伸

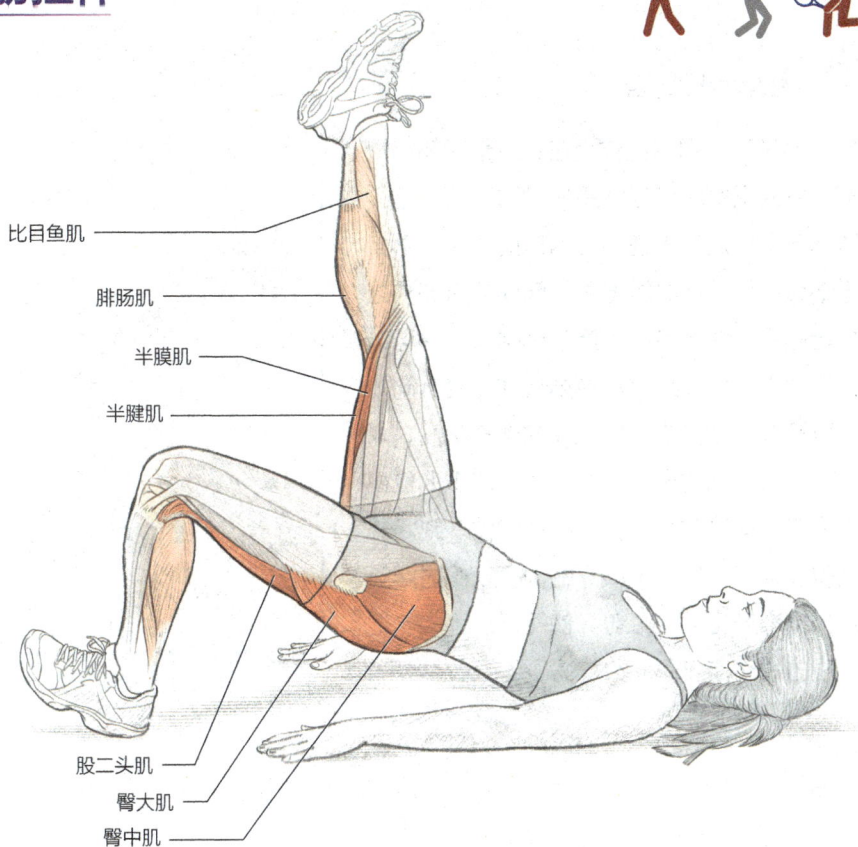

比目鱼肌

腓肠肌

半膜肌

半腱肌

股二头肌

臀大肌

臀中肌

进行步骤 »

1 平躺，左腿膝盖弯曲大约45度，左脚跟用力踩着地面，使左脚趾指向天花板。右腿伸直，右脚趾也指向天花板。

2 抬起臀部和下背部，使它们离开地面，将身体重量移至左脚跟。保持最高点姿势两秒，然后降低到起始位置。

3 左腿完成一组训练之后，换右腿重复以上的动作。

参与的肌肉 »

主要肌群： 股二头肌、腘肌、半腱肌、半膜肌、臀大肌和臀中肌
辅助肌群： 腓肠肌和比目鱼肌

网球训练要点 »

对于所有网球动作而言，改善腿筋和臀部伸肌的强度和稳定性是非常重要的，这会帮助下半身及时减速。在网球比赛中，停止运动和改变方向时常发生。腿筋和臀部扩展力量越强，能掌控的力量就越强大。这可以让您更迅速地停止运动并更快地改变方向。在以开放式站位击打落地球的着陆阶段，需要腿筋和臀部的离心力量，尤其对于低位截击而言，接球时需要强大的稳定性。封闭式站位反手截击是一个很好的例子，此时腿筋和臀部都产生离心力量，使网球选手成功地完成击球动作。

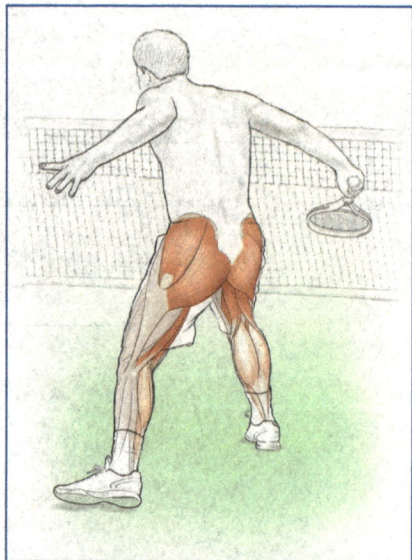

变化动作 »

运动球腿筋拉伸

为了让训练动作更具挑战性，可以根据一系列的发展进度来改编肌腱拉伸训练。一旦能够轻松完成地板上的肌腱拉伸训练，就可以适宜地进行此训练，把脚跟放到更具挑战性且更不稳定的表面上。例如，在使用健身球的变化动作训练中，将脚置于健身球上，膝盖弯曲成90度。腿筋拉伸训练可以先从地板开始，再到长椅、健身平衡球、健身实心球、网球，最后到高尔夫球，这样循序渐进地进行。最后几个球的演变训练具有非常大的挑战性。

弓步下蹲

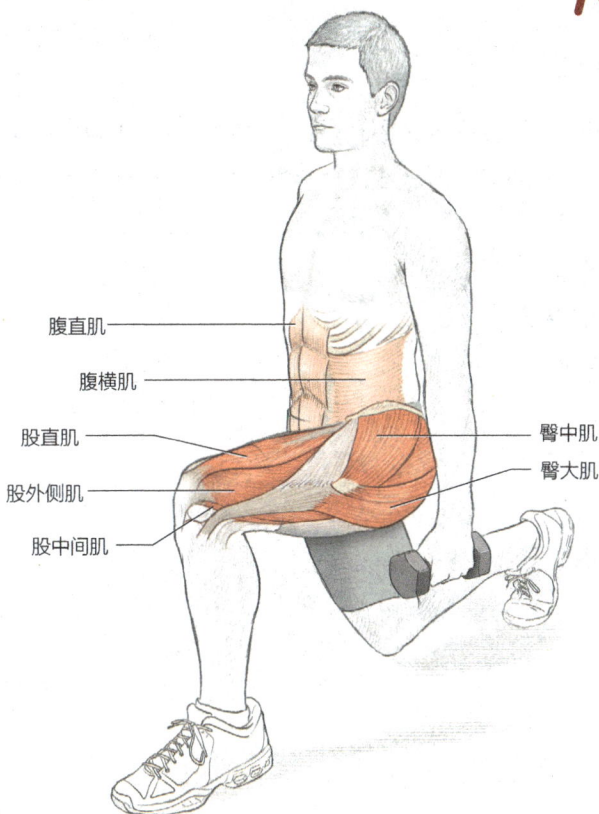

腹直肌

腹横肌

股直肌

股外侧肌

股中间肌

臀中肌

臀大肌

进行步骤 >>

1 双脚分开与肩同宽站立。双手各握一个哑铃。手臂伸直放在体侧，掌心向内。挺胸抬头，两肩放松，保持身体重心稳定。

2 保持直立姿势，一只脚伸向前方，将身体重量转移至该脚上，前腿膝关节弯曲90度呈弓步姿势。大腿与地面平行。确保膝盖弯曲不超过90度。臀部和肩膀保持稳定。后腿尽可能保持伸直，后腿膝盖不要碰到地面。

3 立即抽回前脚，并返回到起始位置。另一只脚迈向前方，重复同样的动作。左右脚交替做这个训练。

参与的肌肉 >>

主要肌群：臀大肌、臀中肌、股直肌、股中间肌和股外侧肌

辅助肌群：腹直肌和腹横肌

网球训练要点 »

　　网球运动中的截击动作经常会用到弓步。尽管在截击中重点通常是手，但腿部可以使运动员到达合适的位置，这样上半身才可以在击球中保持平衡。弓步下蹲的动作模拟正手与反手截击时身体的姿势。做弓步下蹲训练所获得的适当技巧，也有助于提高截击的技术水平，因为弓步下蹲和截击都需要保持良好的身体平衡，以控制身体重心并保持适当的姿势。

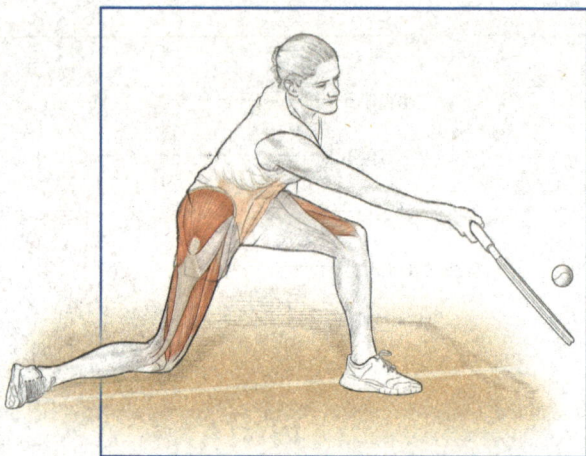

变化动作 »

健身实心球弓步下蹲

　　在弓步下蹲时，头部和颈部后面举着一个健身实心球。通过提高重心，稍微改变身体的平衡，因为在网球运动中，球员必须在各种姿势下控制重心并保持平衡。这种弓步下蹲的变化动作不仅关注球员在重心提高的情况下保持平衡的能力，还要求球员增强身体核心肌群的力量，能够保持这一姿势。这两种好处有助于球员在每次击球时能够更好地掌控身体。训练时注意抬头挺胸。

侧弓步

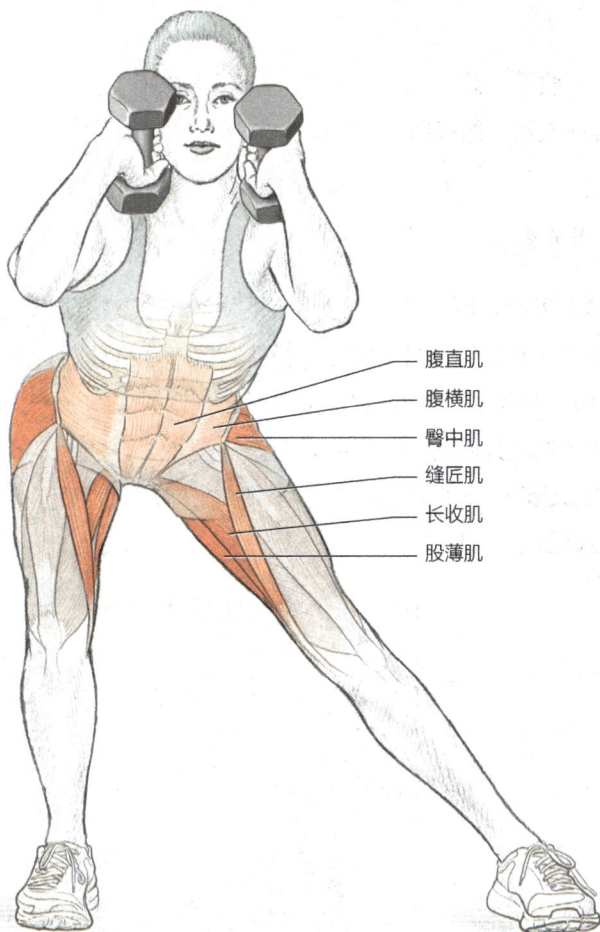

腹直肌
腹横肌
臀中肌
缝匠肌
长收肌
股薄肌

进行步骤 »

1 双脚分开与肩同宽站立，双手各握一个哑铃。将哑铃担在肩膀上面，肘尖向前。

2 保持直立的姿势，一只脚向一侧迈出一步，将身体重量转移至该脚上，弯曲膝盖直到大腿几乎与地面平行。后腿微微弯曲，脚趾指向正前方。

3 抽回迈出去的那只腿，并返回到起始位置。换另一条腿，重复以上动作。左右腿交替训练。

参与的肌肉 »

主要肌群： 长收肌、短收肌、臀中肌、股薄肌和缝匠肌

辅助肌群： 腹直肌、腹横肌和竖脊肌

🎾 网球训练要点 »

　　从本质上来说，侧弓步是普通弓步下蹲的一个变化动作。然而，侧弓步的重点是模拟或者复制截击远身球的运动模式。截击远身球时，大部分的体重被聚集在离球最近的那条腿上。而侧弓步能够产生一个类似的动作。进行此次训练时，为了避免关节处额外的压力，脚尖要向前。在此训练中，外展肌（离心运动）与内收肌（向心运动）表现都很活跃。在每次击球之间的复苏阶段，这些肌肉组织都起到至关重要的作用。

45度弓步

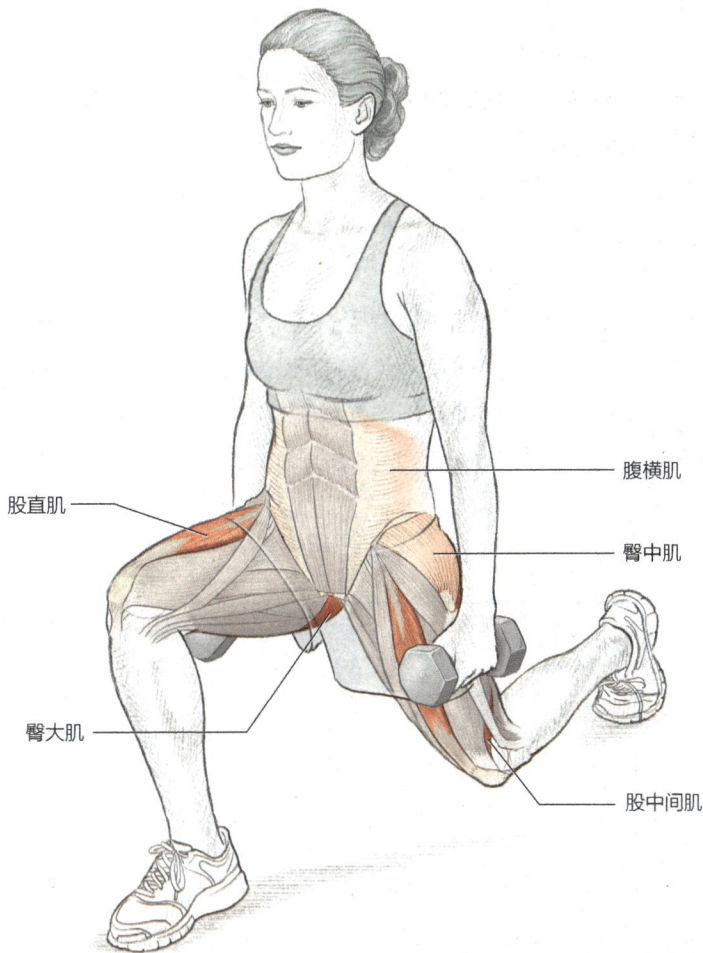

股直肌

臀大肌

腹横肌

臀中肌

股中间肌

进行步骤 »

1 双脚分开与肩同宽站立，双手各握一个哑铃。两臂放在身体两侧，掌心向内。

2 保持直立的姿势，一只脚呈45度角迈出，将身体的重量转移至该腿上，弯曲膝盖，直到大腿几乎与地面平行。后腿弯曲。

3 抽回迈出去的这只脚，并返回到起始位置。换另一条腿，另一只脚以45度角迈出去。左右脚交替训练。

参与的肌肉 》

主要肌群： 股直肌、臀大肌和股中间肌
辅助肌群： 臀中肌和腹横肌

网球训练要点 》

45度弓步训练最接近网球截击中所使用的技术。45度弓步训练的优点是，它教会球员在截击时，专注于从某一角度包围球网，这使得球员在触球时将身体重量向前方转移。与截击一样，这种弓步训练需要利用恰当的技术来完成。应该注意的是膝盖的弯曲，而不是后背。臀部、膝盖和脚踝应该对齐，以保持身体的平衡。

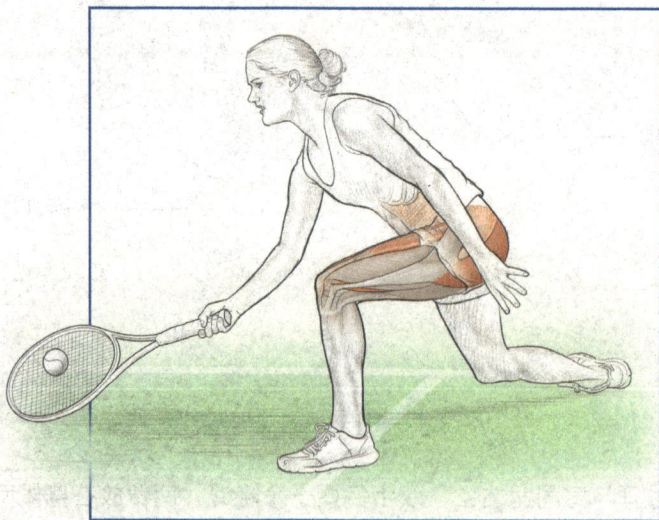

交叉弓步

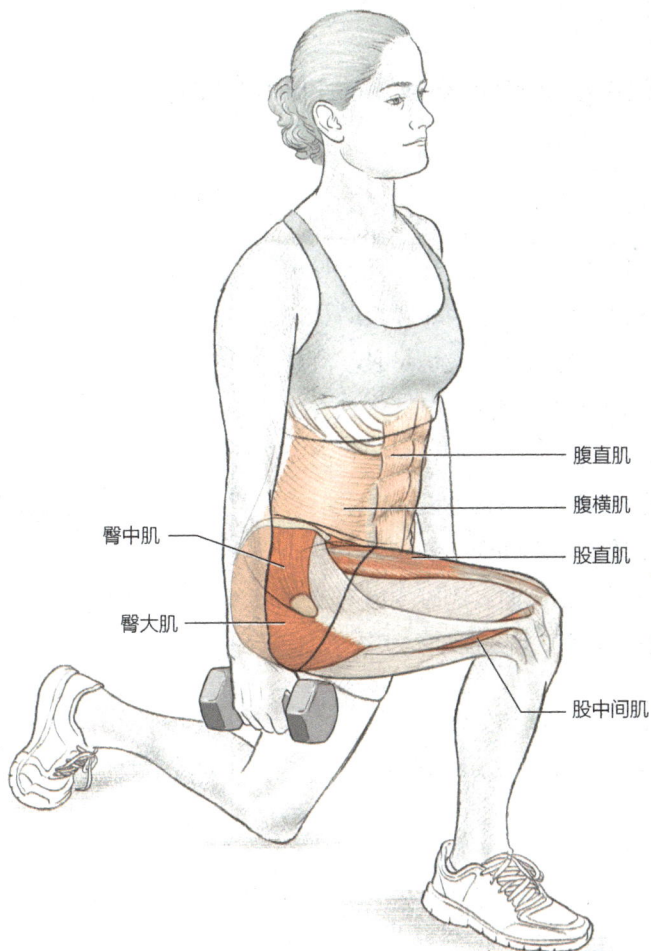

腹直肌

腹横肌

臀中肌

股直肌

臀大肌

股中间肌

进行步骤 »

1 两脚分开与肩同宽站立，双手各握一个哑铃。双臂放于身体两侧，掌心向内。

2 保持直立的姿势，一只脚以45度角越过另一只脚，呈弓步，将身体重量转移到这只脚上，膝盖弯曲，直至大腿几乎与地面保持平行。后腿弯曲。

3 抽回这只脚，并返回到起始位置。换另一条腿，另一只脚跨出。左右脚交替训练。

参与的肌肉 »

主要肌群： 股直肌、臀大肌、臀中肌、臀小肌和股中间肌
辅助肌群： 腹直肌和腹横肌

🏃 网球训练要点 »

　　尽管现代网球运动的特点是频繁的开放式站位击球，但封闭式站位也是必不可少的。因此，针对这种特殊的击球方式，身体必须妥善准备。交叉弓步与封闭式击打落地球的动作类似。具体地说，它最接近单手反手中所使用的动作。在做这个特殊的弓步训练而迈出脚时，脚趾要指向外侧，这样臀部、膝盖以及脚踝才能对齐。

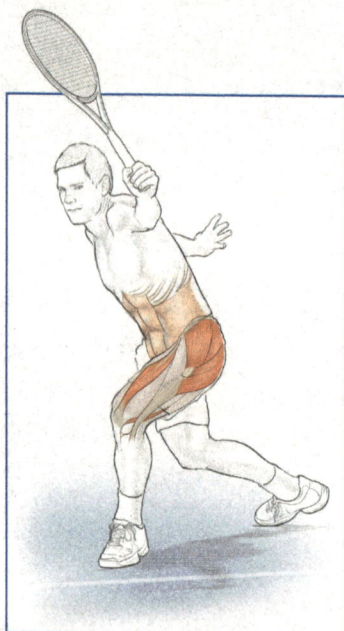

跳箱

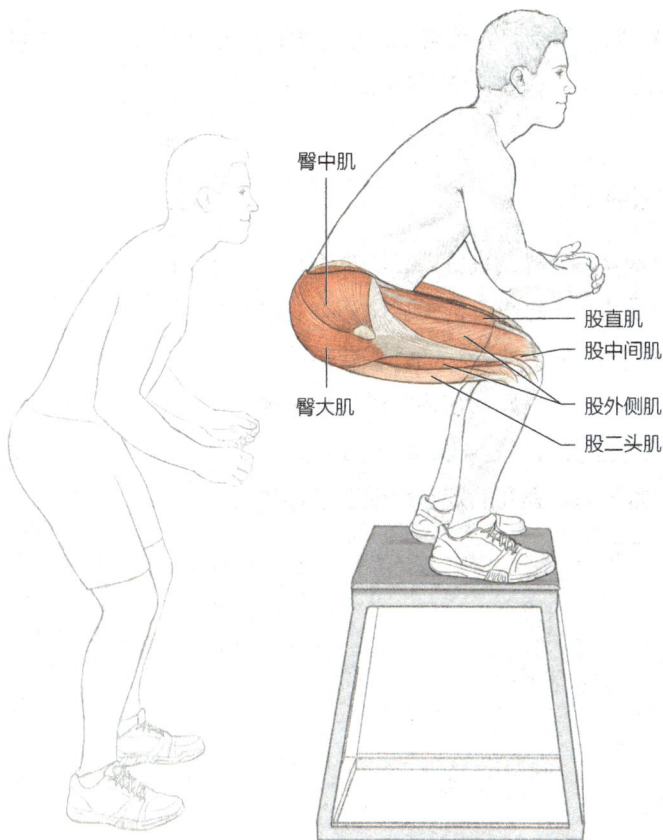

臀中肌

股直肌
股中间肌

臀大肌

股外侧肌
股二头肌

进行步骤 »

1. 这个训练需要一个12至42英寸（30至107厘米）高的箱子，具体大小取决于自身的能力。面向箱子站立，与箱子之间的距离约为1至2英尺（0.3至0.6米），双脚分开与肩同宽。

2. 跳到箱子上。注意在跳到箱子顶部时，脚步尽可能放轻，然后屈膝，臀部向后蹲下。这可以锻炼着陆技巧，并且减少膝关节的压力。

3. 从箱子上跳下来，回到起始位置。注重吸收冲击力，并且尽可能轻地着陆。保持胸部挺直和着陆的平稳，以便吸收着陆时所产生的冲击力。

参与的肌肉 »

主要肌群： 臀大肌、臀中肌、股直肌、股外侧肌、股内侧肌和股中间肌
辅助肌群： 股二头肌、半腱肌和半膜肌

网球训练要点 »

这是一个很好的增强式训练。它的重点是训练腿部爆发力运动，在比赛过程中，比如改变方向时，需要经常用到它。此外，训练腿部的爆发力还有助于发球水平的提高。在将力量从地面转移至身体的其他部位时，腿部发挥了重要的作用。在发球预备阶段，强劲的双腿也保证了膝盖适度的弯曲和伸展。

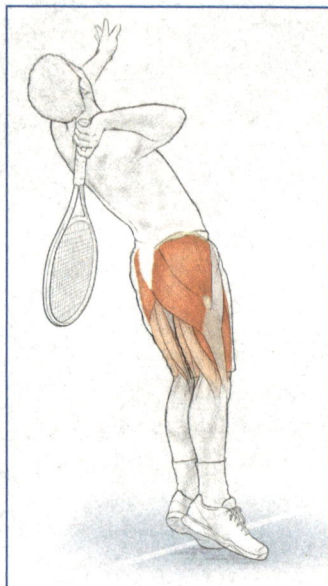

变化动作 »

单腿跳箱

在跳箱训练中，使用双腿跳跃，而它更高级的一个版本是单腿跳箱，也就是只能使用一条腿跳箱。这种跳跃需要一定强大的力量与调节能力，也是一个高难度的训练。因此我们建议只有高级球员才可以训练这个动作。单腿跳箱可以使用任意一条腿，所用的箱子要比普通跳箱所用到的箱子低——通常它的高度是4到16英寸（10到40厘米）。

深蹲跳

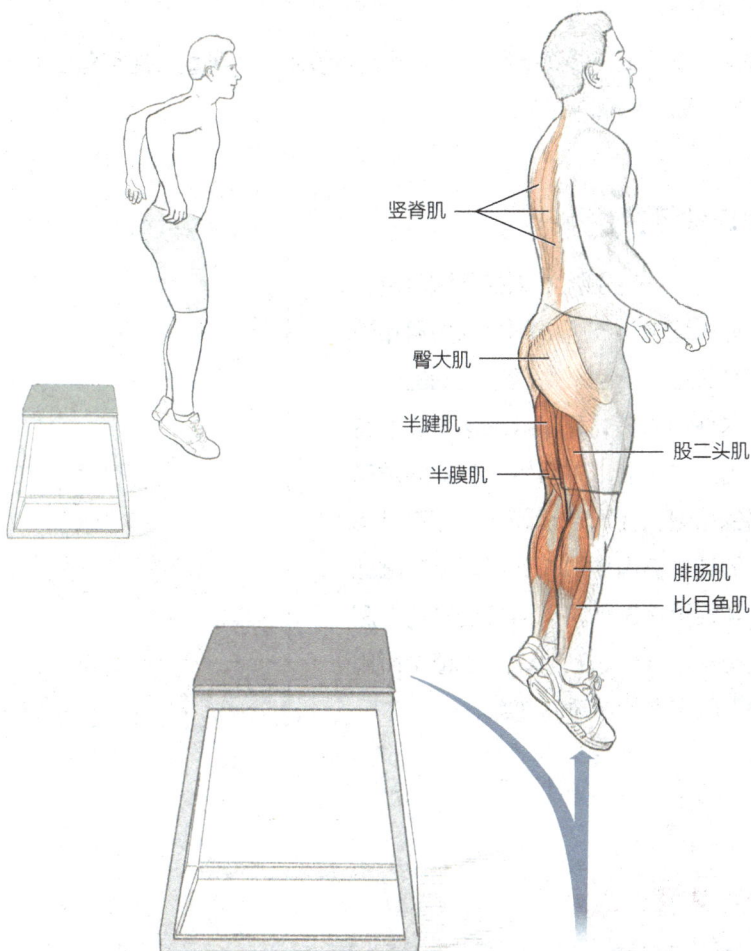

竖脊肌

臀大肌

半腱肌

半膜肌

股二头肌

腓肠肌

比目鱼肌

进行步骤 »

1. 需要一个12至24英寸（30到60厘米）高的箱子，它的具体规格取决于你的能力。站在箱子的顶部。

2. 抬起一只脚从箱子上跳下，双脚一起着地。着陆后，立即弹跳起。尽量在最短时间内降落在地面上。

3. 弹跳时，可以简单地直接跳起，也可以跳上另一个箱子的顶部，然后重复这样的动作。

参与的肌肉 »

主要肌群： 腹直肌、股二头肌、半腱肌、半膜肌、腓肠肌和比目鱼肌
辅助肌群： 竖脊肌和臀大肌

🎾 网球训练要点 »

　　另一个极好的加强式训练是深蹲跳，它可以提高腿部肌肉组成部分的力量和速度。深蹲跳也是特别针对网球运动的一项训练。这种训练方式可以锻炼球员在所有方向上的运动技能，并且增加强有力发球所必需的力量。在网球赛场上，深蹲跳也可以帮助球员在运动时，尽可能缩短触地时间，实现更快速地移动和转变方向。深蹲跳还有一个好处，它可以对发球中所用到的腿部肌肉进行针对性训练。

变化动作 »

深蹲障碍跳

在箱子前面设置一系列小型跨栏，将它们排成一条线，深蹲跳着陆之后，弹跳起来，越过这些栏杆。注意保持臀部与肩膀竖直，尽可能缩短触地时间。

提踵

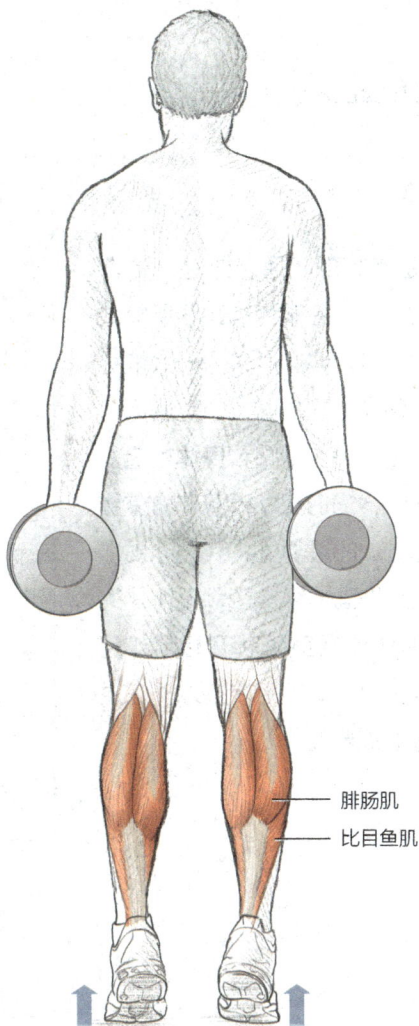

腓肠肌
比目鱼肌

进行步骤 »

1 两脚分开与肩同宽站立，双手各握一个哑铃。双臂放在身体两侧，掌心向内。

2 尽可能高地提起脚后跟，同时保持良好的身体平衡。踝关节是唯一的一个运动着的关节。

3 保持这一姿势一到两秒钟，然后慢慢地降落，回到起始位置。

参与的肌肉 »

主要肌群： 腓肠肌、比目鱼肌

网球训练要点 »

　　小腿肌肉的任务是使脚部跖屈，这是一个非常重要的运动，因为它可以产生奔跑与跳跃所需的强有力的推动力。具体地讲，腓肠肌作为一大块纵向纤维肌肉，产生了这种推出的力量。小腿肌肉可以使得脚后跟抬起，而使脚尖承受整个身体重量。因此，在每次网球击球中，它们都发挥着非常重要的作用。为了证明小腿肌肉的重要性，我们以发球为例。在发球预备阶段，地面力量被转移至身体的其他部位，此时腓肠肌和比目鱼肌就开始起作用了。由于这个动作非常有力，实际上许多球员在发球时都双脚离开地面腾空跳起。

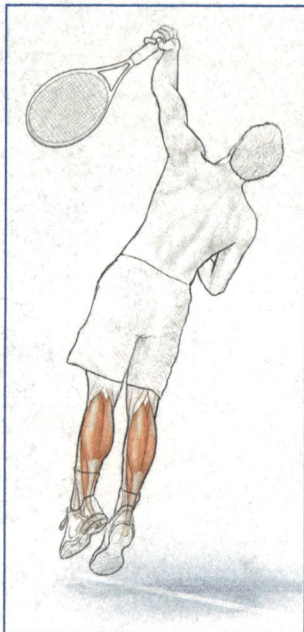

变化动作 »

高难度提踵

为了增加这个训练的难度，我们扩大了运动的范围。站在一块垫木，或一个机器的边缘，使脚后跟悬垂，比前脚掌要低。然后抬起脚后跟，以脚尖站立。

8 转体强化训练

CHAPTER

在过去30年里，现代网球运动发生了巨大变化。新的训练技巧和新的球拍技术改变了打球的方式，特别是在正手和反手击落地球时，使人受益良多。新的球拍不再由木头或金属制成，而是由各种材料制成，主要是复合材料。此外，新的球拍头更大。这使得球拍更加结实、牢固、轻盈，也更不容易丢球。这项技术使运动员的挥拍方式更灵活。随着器材的发展，场内外的训练技巧也发生了改变。新的训练技巧更注重强化击球时转体部位涉及的肌肉群。

转体剖析

网球中有效的转体动作需要坚实的基础。因此，强化腿部，特别是通过多关节练习强化腿部，特别重要。当落地或改变方向时，臀大肌和股四头肌能够缓冲冲击力。当在场上跑起来时它们有助于形成爆发性动作。当以开放式站位击打落地球时，它们能够提供坚实的基础。同样地，在打球过程中，小腿的腓肠肌和比目鱼肌也必须很强壮。

还必须注重身体中部（或上腹部）的强化。在击球过程中，腹内斜肌和腹外斜肌对于转体动作十分重要。但是，在转体过程中，腹横肌、多裂肌、竖脊肌、髂肌和腰大肌也提供力量并使肌肉保持平衡。

由于击球用力变大，因此我们也有必要关注上半身的肌肉组织。在击球过程中，背阔肌、前锯肌、斜方肌、菱形肌和肩胛提肌等肌肉在保护肩关节和肩胛区方面发挥着重要作用。它们共同协作来帮助实现挥拍并加强稳定性。

击球和转体

网球运动涉及到多个关节。通过一系列的肌肉运动，力量从下半身转移到上半身。在现代运动中，挥拍过程中涉及的转体部位变得更为重要。与以往相比，现在主要以开放式站位和半开放式站位击打落地球。通常，身体要大幅度旋转才能击出正手球和双手反手球。强化腿部的训练对进行强有力的击球极其重要。

躯干和上腹部可支持最大的旋转力。因此，需要进行特别专业的身体训练。进行针对网球的训练越多，效果越好。与每次击球时使用的动作模式类似，运动员希望在击球过程强化同一肌群。虽然我们应该努力模拟击球动作，但是在随球动作中肌肉的离心运动也是以一种向心方式进行训练的，特别是在注重建立基本强度水平的早期训练计划中。随着运动员变得更强壮，需要增加离心动作训练。这有助于在前部和后部运动模式（比如向后挥拍和随球动作）之间保持适当的力量平衡。如果肌肉力量过于不平衡，就会增加受伤的风险。平衡训练有助于保护关节。有力的旋转需要旋转袖和肩胛区的大量力道，所以此概念也适用于上半身的肌肉。虽然主要强调击落地球，但转体在所有击球中都会发挥所用。本章中的训练对提升技能和预防损伤至关重要。

旋转肌力训练

下列锻炼旋转肌力的训练是专为网球运动制定的。这是一些涉及全身的多关节、多面训练。其中的许多训练模拟真实的击球动作。除了锻炼肌力，这些训练还能够增强灵活性，因为大部分训练都需要全方位的运动。所有技术动作都要注意保持规范。根据运动员自身的力量和训练目标，每种训练使用的重量可大可小，训练速度可快可慢。进行训练时，需要与了解网球的力量及体能教练合作，从而确保恰当地进行训练。一开始进行两组或三组10到12次重复动作。使用的力道大小、进行的重复动作次数和锻炼的组数将因训练目标、优势和劣势、休息和恢复需求以及结构化分期训练计划的安排而异。

吊绳旋转削球

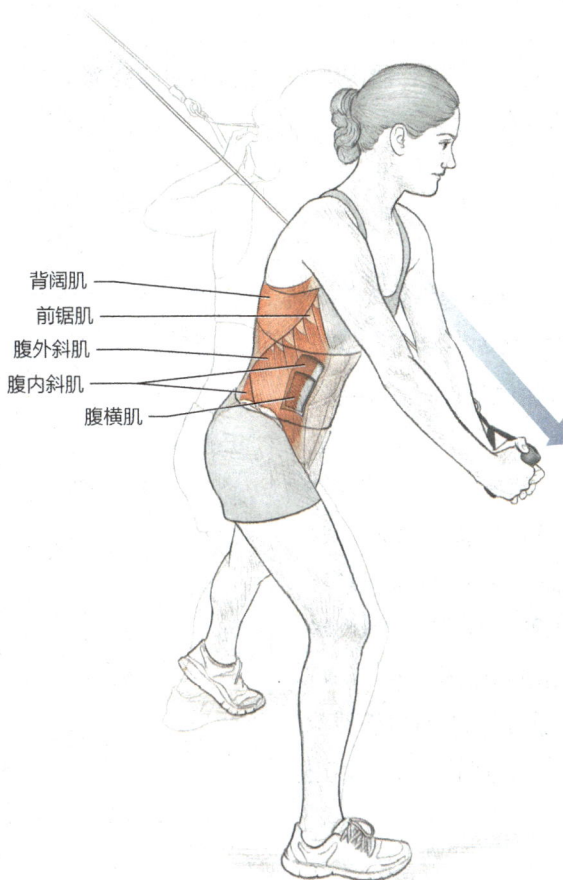

背阔肌
前锯肌
腹外斜肌
腹内斜肌
腹横肌

进行步骤 »

1 在高处（与肩持平或稍高于肩）安装一个滑轮。身体左侧靠近滑轮站立。收紧腹部，肩膀向后收。

2 双手握住滑轮手柄。双臂伸直，从上到下、从左肩到右髋在身体前部斜拉手柄。上半身保持不动。该动作强化惯用左手发球和正手击球的运动员的相关肌肉。

3 适当地重复几次该动作，然后换另一侧进行同样的动作，从右肩向左髋运动。该动作强化惯用左手进行反手球的运动员的相关肌肉。

参与的肌肉 »

主要肌群：背阔肌（反手动作）、腹内斜肌、腹外斜肌和腹横肌
辅助肌群：前锯肌和竖脊肌

🏃 网球训练要点 »

既然现代网球运动主要是发球和正手球，那么训练肌肉群以便成功完成击球就非常重要。当使用惯用侧打球时，吊绳旋转削球和吊绳旋转上推（第149页）专门帮助训练在发球和正手球的向前挥拍中发挥作用的肌群。主要肌群向心运动（收缩）以便在向前挥拍中发力。辅助肌群离心运动（拉长）来帮助保持平衡、增强稳定性和支撑身体。当使用身体非惯用侧打球时，这项训练模拟反手球并有益于反手球。此多关节训练的本质类似于击打高正手球和反手球。

变化动作 »

转髋的吊绳旋转削球

在此动作演变中，上半身的动作和主要训练中的一样。除此之外，髋部随上半身同时旋转。该动作更准确地模拟实际击球动作并允许更大的活动范围。

在更高级的吊绳旋转削球训练中，阻力更小且只用一只手。

吊绳旋转上推

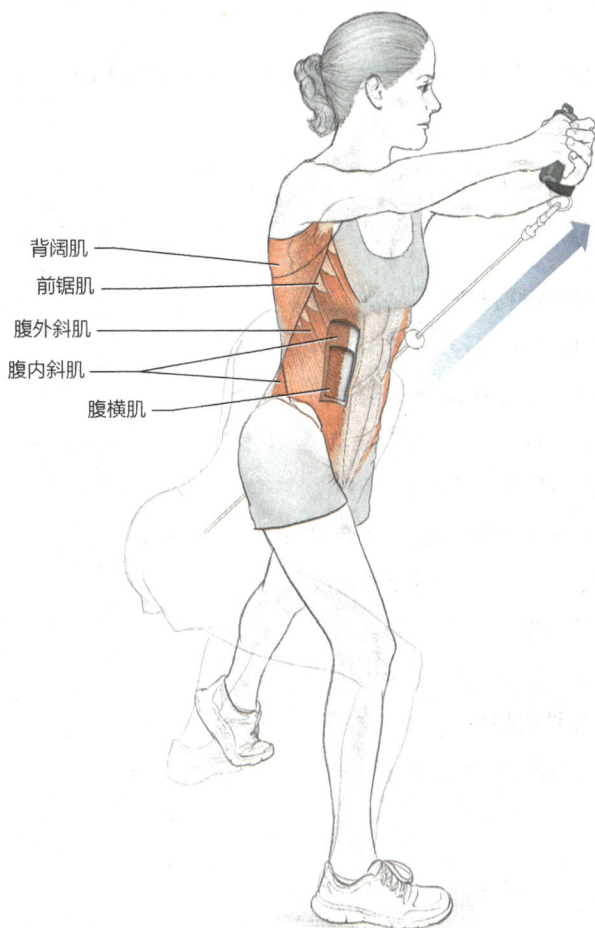

背阔肌
前锯肌
腹外斜肌
腹内斜肌
腹横肌

进行步骤 >>

1 在低处（与髋持平或稍低于髋）安装一个滑轮。身体左侧靠近滑轮站立。收紧腹部，向后下方拉肩膀。

2 双手握住滑轮手柄。双臂伸直，从下到上，从左髋到右肩在身体前部斜拉手柄。上半身保持不动。该动作强化惯用右手进行反手球的运动员的相关肌肉。

3 适当地重复几次该动作，然后换另一侧进行同样的动作，从右髋向左肩运动。该动作强化惯用右手发球和进行反手球的运动员的相关肌肉。

参与的肌肉 »

主要肌群： 背阔肌（反手动作）、腹内斜肌、腹外斜肌和腹横肌
辅助肌群： 前锯肌和竖脊肌

网球训练要点 »

当用身体非惯用侧打球时，吊绳旋转上推和吊绳旋转削球（第147页）与习惯用右手打反手球的运动员使用同一肌群。在从低往高的动作模式中，此训练遵循与上旋反手球具有类似的路径。该项训练的另一个好处在于，一些主要肌群在反手球中做向心运动但在发球和正手球中做离心运动。该项训练的同心本质有助于强化这些肌群，因而能够在保护肌群不受伤害的同时提升技能。当用惯用侧打球时，这项训练对习惯用右手打球的运动员打正手球时使用的肌群有好处。

变化动作 »

转髋的吊绳旋转上推

在此动作演变中，上半身和吊绳旋转上推采用相同的动作模式。除此之外，髋部随上半身同时旋转。该动作更准确地模拟实际击球动作并允许更大的活动范围。

单臂旋转哑铃抓举

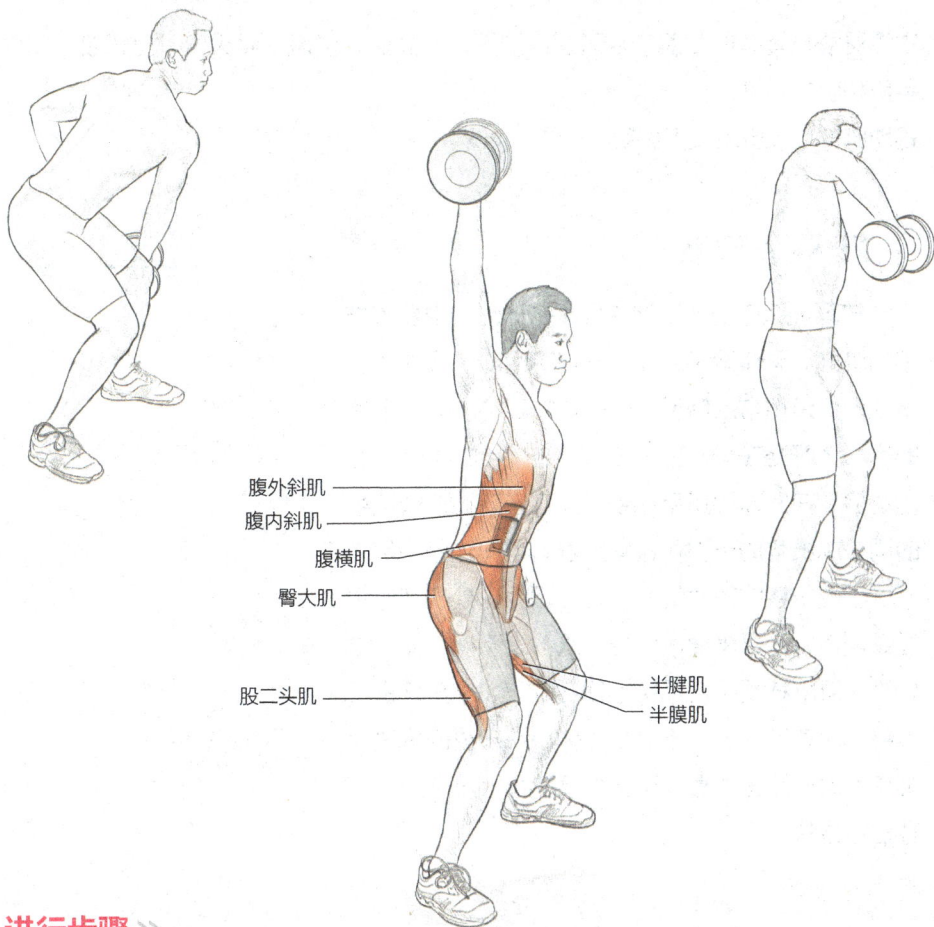

腹外斜肌
腹内斜肌
腹横肌
臀大肌
股二头肌
半腱肌
半膜肌

进行步骤 »

1 习惯用右手打球的运动员右手握哑铃站立（习惯用左手打球的运动员左手握哑铃）。右手在身前斜穿过去，置于左膝外侧。腹部收紧并保持稳定。右膝稍微弯曲，双脚分开与肩同宽。

2 快速地将哑铃从左膝或左髋处举到靠近头右侧的位置，直至胳膊举到头右侧。保持手臂伸直。

3 适当地重复几次该动作，然后换另一只胳膊进行同样的动作以便保持协调和肌肉平衡。

参与的肌肉 »

主要肌群： 臀大肌、股二头肌、半腱肌、半膜肌、髂肌、腰大肌、腹横肌、腹内斜肌和腹外斜肌

辅助肌群： 竖脊肌和多裂肌

网球训练要点 »

    该项训练专门帮助训练反手击球动作中发挥作用的肌群。具体地讲，在从低往高的动作模式中，该项训练遵循与上旋反手球类似的路径。该项训练的另一个好处在于一些主要肌群在反手球中做向心运动但是在发球和正手球中做离心运动。该项训练的同心本质有助于强化这些肌群，因而能够在保护肌群不受伤害的同时提升技能。因为这是一项自由重量训练，所以需要其他稳定肌群来平衡身体。这些稳定肌群在反手击球中也很活跃。如果正确进行训练，该项专注于下半身和人体核心部位的爆发力训练有助于锻炼力量。这些力量能直接用于所有网球击球方法。

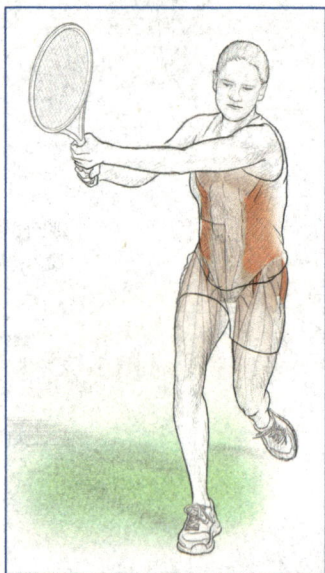

变化动作 »

转髋的单臂旋转哑铃抓举

站姿和在单臂旋转哑铃抓举一样。上半身和在单臂旋转哑铃抓举中一样保持相同的动作模式。除此之外，髋部随上半身同时旋转。由于此动作的爆发力，脚部有可能离地。该动作更准确地模仿实际击球动作并允许更大的活动范围。

哑铃跳跃耸肩

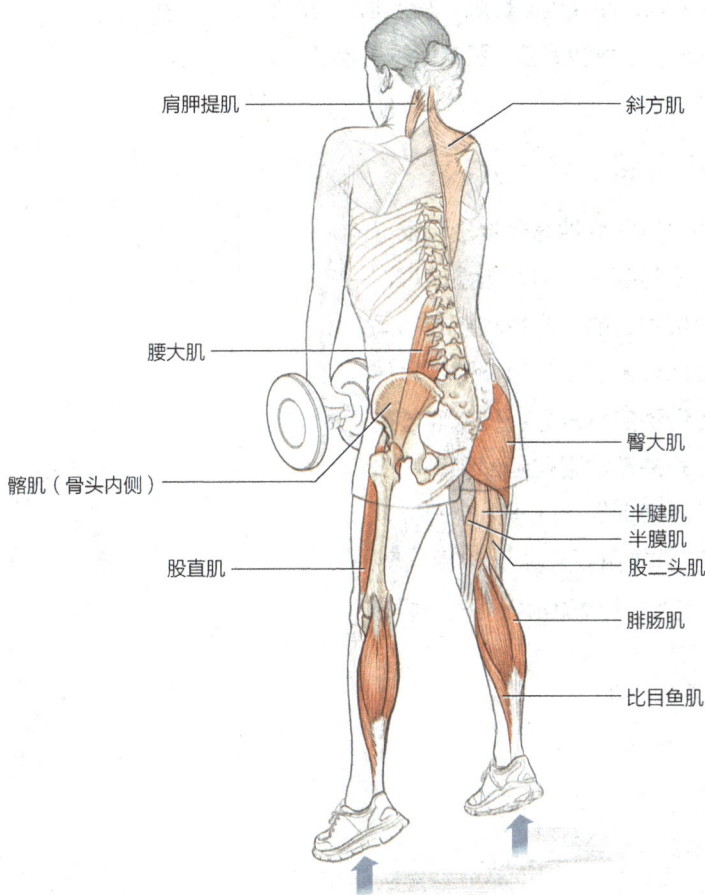

肩胛提肌

斜方肌

腰大肌

臀大肌

半腱肌
半膜肌
股二头肌

髂肌（骨头内侧）

股直肌

腓肠肌

比目鱼肌

进行步骤 »

1 站立，双脚分开与肩同宽。腰部向前微倾，挺胸，腹部收紧并保持稳定，头部放松，双眼直视前方。双手于身前各握一个相对较轻的哑铃。双臂垂直放下。哑铃略高于膝盖。膝盖以一种运动的姿势弯曲。

2 伸展脚踝、膝盖和髋部，用力跳起。尽可能地往高跳，同时耸肩。

3 轻轻地落地，双脚打开与肩同宽。膝盖微弯，从而减轻脚踝、髋部和下背部的压力。

参与的肌肉 »

主要肌群: 臀大肌、股直肌、髂肌、腰大肌、腓肠肌和比目鱼肌
辅助肌群: 斜方肌、肩胛提肌、股二头肌、半腱肌和半膜肌

网球训练要点 »

　　该项训练可以很好地强化发球和高球所用的肌群。虽然躯干屈伸,但是该项训练使用可以提供关键的稳定性和旋转的同一肌群。当发球或击打高球时,膝部屈伸模拟腿部向上运动的爆发力部位。通过重量加重身体负载来帮助强化腿部和提高肌肉耐力。由于该项训练专注于力量开发,因此需使用相对较轻的力量,大约是30%到50%的最大肌力(参见第1章第26页的内容)。

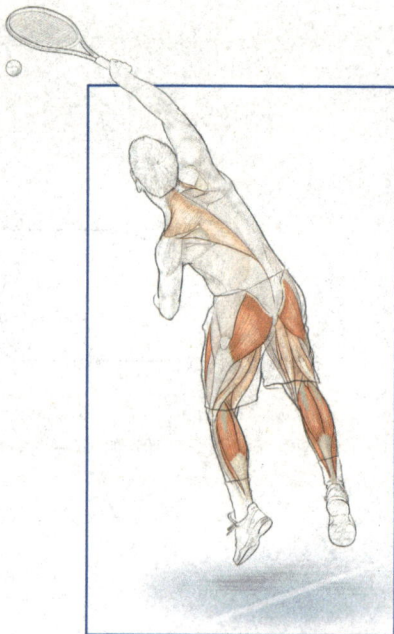

变化动作 »

杠铃跳跃耸肩

使用杠铃而非哑铃。使用杠铃可能更容易一些,因为使用哑铃训练时,在跳跃过程中需要更高的稳定性来控制哑铃。

过头深蹲

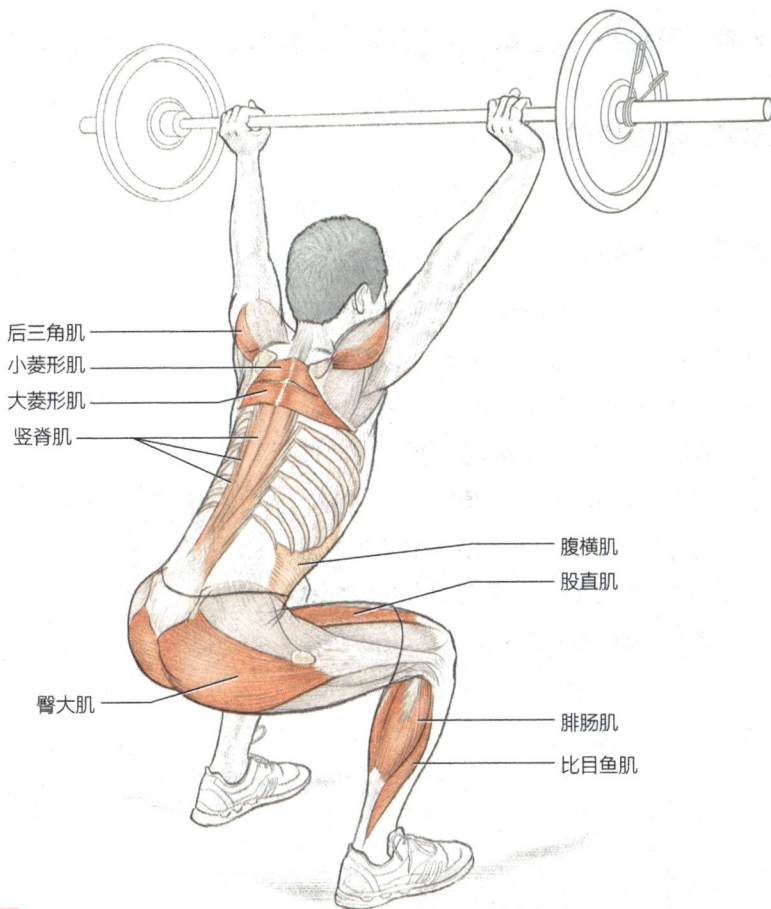

后三角肌
小菱形肌
大菱形肌
竖脊肌

腹横肌
股直肌

臀大肌

腓肠肌
比目鱼肌

进行步骤 »

1　将轻的杠铃从头部前方或后方的位置推举到过头位置。双臂需与杠铃横杆呈45°角。双腿分开，大约与肩齐宽。腹部收紧并保持稳定。同时收紧肩胛骨。

2　慢慢地控制动作，屈膝以便大腿与地板平行。如果身体灵活性很好，可以蹲得更低。这样就可以保持良好的姿势。确保膝盖不能向前超出脚趾，背部挺直，挺胸抬头，双眼直视前方。

3　运用腿部力量将杠铃拉回起始位置，同时呼气。继续面向前方。

参与的肌肉 »

主要肌群：臀大肌、股直肌、大菱形肌、小菱形肌、后三角肌、腓肠肌和比目鱼肌

辅助肌群：腹横肌和竖脊肌

网球训练要点 »

　　这是一项很好的全身训练。它需要保持平衡稳定的腹部、强壮的双臂和肩部，以及强有力的双腿。此训练还能提高髋部、下背部、上背部和肩部的灵活性。该项训练对提升发球技能特别有好处。膝盖屈伸动作模拟发球动作，同时也强化了肌群。在此动作中，躯体必须保持稳定。同时，将杠铃推举至头顶上方所需的等距抓举有助于强化肩部的肌群。

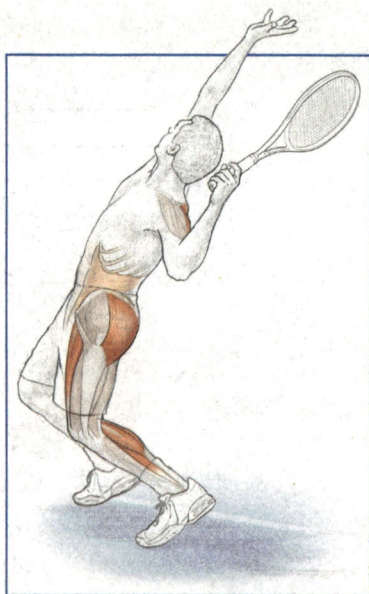

正手健身实心球投掷

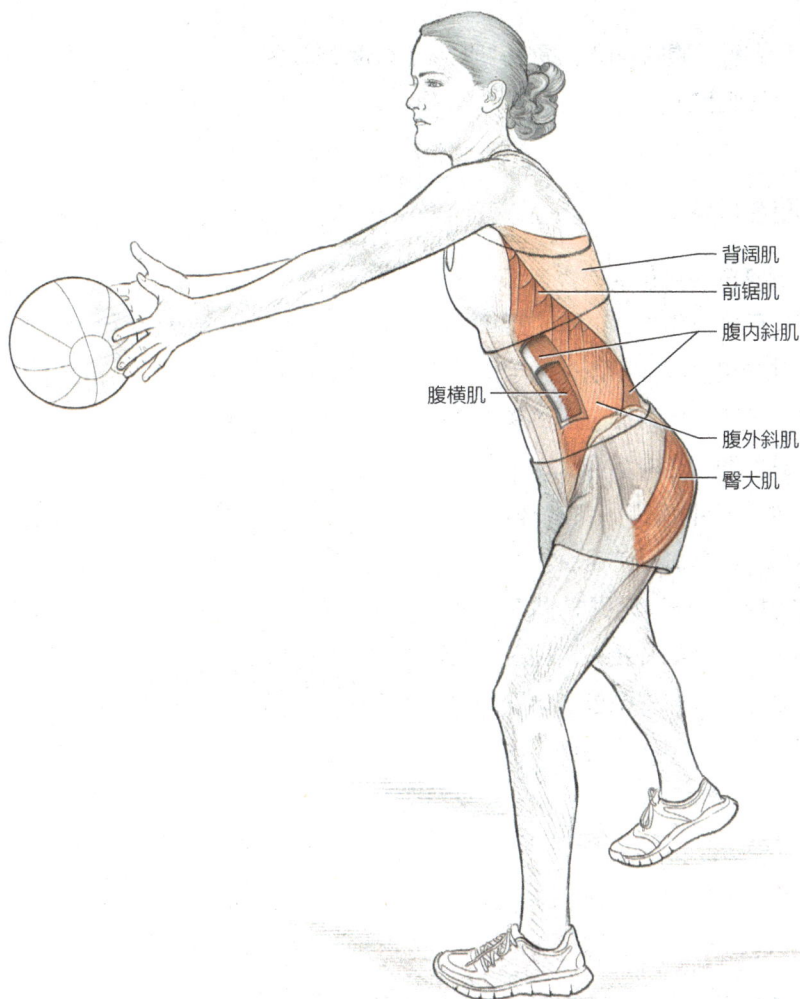

背阔肌
前锯肌
腹内斜肌
腹横肌
腹外斜肌
臀大肌

进行步骤 »

1 双手持重4到6磅（2到3千克）的健身实心球站立。面向搭档或墙壁并与之保持大约10英尺（3米）的距离。

2 一只脚向前踏一步，使身体保持侧面站立姿势。将健身实心球投掷给搭档或墙壁。该项动作模拟正手击球的平行式站位。

3 重复该动作30秒。

参与的肌肉 ≫

主要肌群：前锯肌、腹内斜肌、腹外斜肌、腹横肌和臀大肌
辅助肌群：背阔肌和竖脊肌

网球训练要点 ≫

　　健身实心球的使用让此力量训练特别适用于实际的正手击球动作。正手健身实心球的投掷与正手击球调用的肌群一样。该项训练有助于形成有爆发力的击球，同时也能增强肌肉耐力。具体地讲，髋部和核心部位（臀大肌、腹斜肌、腹横肌和前锯肌）的旋转肌群能够通过一项增强式训练（收缩循环）动作得到开发。我们建议在闭合式站位和开放式站位（参见"变化"部分）中练习此项动作以获取最佳效果。

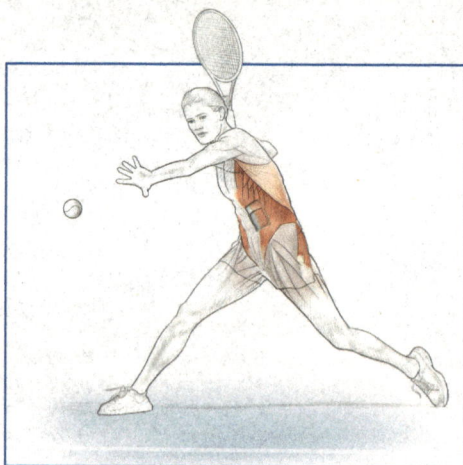

变化动作 ≫

开放式站位的正手健身实心球投掷

不用左脚向前踏一步（对于习惯用右手打球的运动员而言），站立在起始位置，以正面向前的方式投掷健身实心球。这是一项更高级的训练。由于该动作不使用腿部和向前重心转移，因此该项训练更着重于人体核心部位肌群的训练。

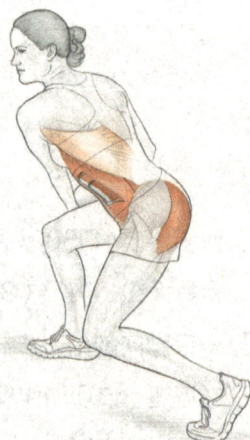

反手健身实心球投掷

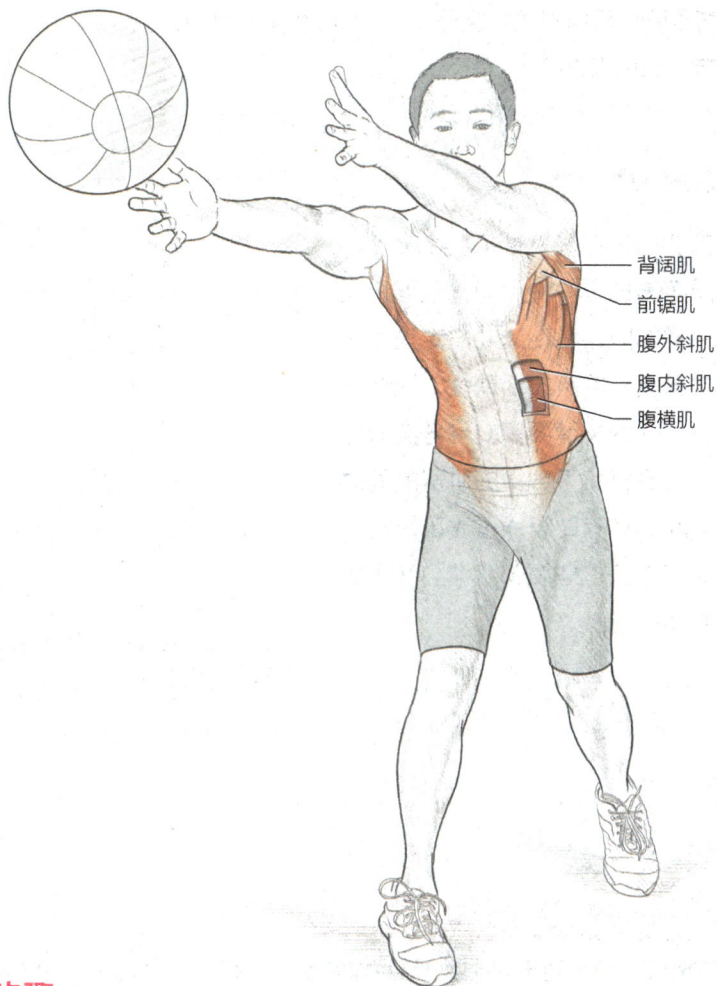

背阔肌
前锯肌
腹外斜肌
腹内斜肌
腹横肌

进行步骤 »

1 双手持重4到6磅（2到3千克）的健身实心球站立。面向搭档或墙壁并与之保持大约10英尺（约3米）的距离。

2 一只脚向前踏一步，使身体保持侧面站立姿势。将健身实心球投掷给搭档或墙壁。该项动作模拟反手击球。

3 重复该动作30秒。

参与的肌肉 »

主要肌群：背阔肌、腹内斜肌、腹外斜肌、腹横肌和臀大肌
辅助肌群：前锯肌和竖脊肌

🎾 网球训练要点 »

　　反手健身实心球准确地模拟反手击球，特别是双手反手击球，并使用同一肌群。健身实心球通过增加阻力和使运动员专注稳定性和平衡来增强躯干的肌肉活动性。这些都是成功击出反手球的关键要素。健身实心球的投掷在使用上半身和下半身的肌群的同时也使用腹部。此动作有助于通过腹部肌群开发爆发力和稳定性。这些腹部肌群会在击落地球时提供更大的力道。

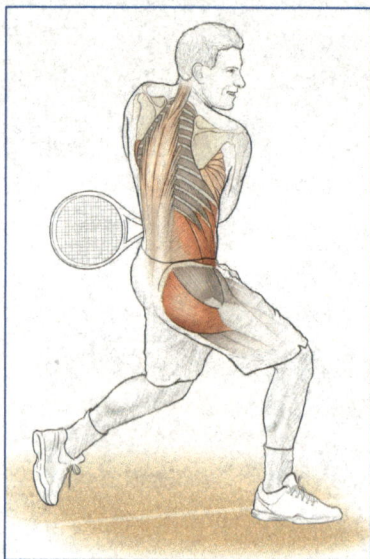

变化动作 »

开放式站位的反手健身实心球投掷

不用右脚向前踏一步（对于习惯用右手打球的运动员而言），站立在起始位置，以正面向前的方式投掷健身实心球。这是一项更高级的训练。由于该动作不使用腿部和向前重心转移，因此该项训练更着重于人体核心部位肌群的训练。

发球健身实心球投掷

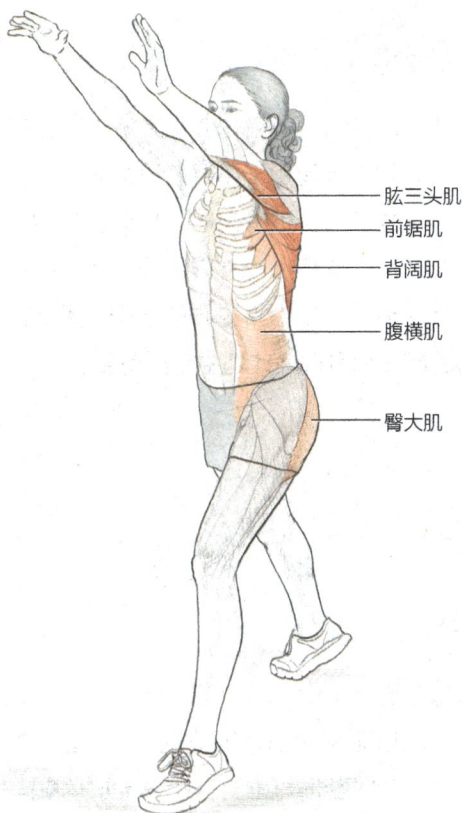

肱三头肌
前锯肌
背阔肌

腹横肌

臀大肌

进行步骤 >>

1 双手持重4到6磅（2到3千克）的健身实心球站立。双脚分开，与肩齐宽。腹部收紧并保持稳定。面向搭档或墙壁并与之保持大约10英尺（约3米）的距离。

2 从头顶上方将健身实心球掷出。

3 重复该动作30秒。

参与的肌肉 »

主要肌群： 背阔肌和肱三头肌
辅助肌群： 腹横肌、前锯肌、竖脊肌和臀大肌

🎾 网球训练要点 »

　　这是一项全身训练，重点关注人体核心部位肌群。即便这样，该项训练调用下半身的肌群来生成地面反作用力。当健身实心球被掷出时，地面反作用力通过腹部肌群的运动力学链上升并最终通过上肢得以释放。由于发球大概是网球中最重要的动作，因此该项训练涉及的肌群在综合训练计划中十分重要。

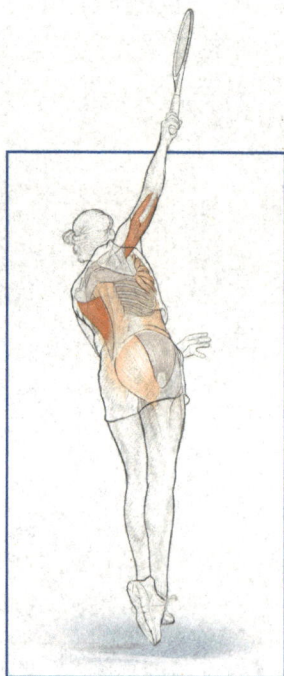

变化动作 »

开放式站位的发球健身实心球投掷

不用双脚分开与肩同宽站立。可以向前踏一步进行该项训练。向前迈出发球前腿（习惯用右手打球的运动员迈出左脚）来更好地模拟发球动作并锻炼将力量从后腿转移到前腿的能力。这也增加了动作模式的复杂性。

步法训练

所有出色的网球运动员都知道，如果接不到球，再好的击球方法也没有用。适当的步法技巧对于球场上的成功十分重要。网球需要全方位跑动。运动员可能需要向前跑接住短球，向后跑接住高球，或者说从一侧跑向另一侧来接住离身正手球和反手球。要想赢得网球比赛必须能够在较长的一段时间内在多个方位急速跑动。同时需保持平衡并控制身体以便击球。本章中介绍的步法训练是专门针对网球的步法模式。

步法剖析

除了发球以外，在任何击球动作之前，运动员都需要做出良好的运动姿势（图9.1，第164页）。这种姿势有助于运动员保持平衡并快速跑向任何方位。在这种姿势中，双脚掌着地，双膝和髋部微弯，双手于身前握拍，肘部弯曲并放松。该站姿使肌肉绷紧，这样运动员就可以快速跑向下一个击球的位置。

小碎步有助于运动员准备运动姿势。在连续对打中，每次击球前运用小碎步。小碎步类似于滑雪运动员转弯时使用的减重技巧。当快速弯膝时，双脚在那一瞬间放松。落地时可以增加对地面的反作用力，让运动员能够跑向任何方向。

如果希望接住离身球，通常情况下，当运动员跳起来时，他们想要通过向球的方向进行髋关节外旋来稍微转动双脚。脚趾朝向运动员想去的地方。这样有助于运动员横向跑动。向各个方向移动的重点在于下半身的肌肉组织，特别是臀大肌、臀中肌、四头肌、腓肠肌和比目鱼肌。横向和斜向跑动除了调用上述肌群外，还需要大量调用外展肌和内收肌。

击球和步法

保持适当的运动姿势有助于运动员保持平衡和站姿，并让运动员收缩恰当的肌群来向各个方向跑动。由于在连续对打时每次击球都必须摆好运动姿势，因此重点在于保持双脚（支撑面）之间的重心。

减重的概念非常有助于网球步法技巧。通过快速减少和增加对地面的反作用力，运动员能够获取平衡并快速有力地在任一方向击出下一球。最重要的一点在于准备好向任何方向移动。总的来说，整场比赛运动员有可能跑好几公里，但是能够冲刺、停步、起步和改变方向也同样重要。除此之外，随着个人能力的提高，运动员要学着识别具体动作模式以及对手最有可能将下一球击往何处。这称之为预测。能够预测场上的特定情况并快速做出反应将有助于运动员提前为下一球做好准备，这样运动员就能更加平衡、有力地击球。

步法训练指南

能够很好地在场上移动是赢得网球比赛的一个重大因素。如果跑不到击球点，就不可能击中球。这种说法虽然简化了这项运动，但是这也有一些道理。我们建议运动员每天都练习步法技巧。

图9.1 ▶ 运动姿势：双膝和髋部微弯，双手于身前握拍，肘部弯曲

事实上，本章中大部分的训练都需要手握球拍，并且可以将这些训练融入场上的击球动作中。吸收步法训练最好的方式是使它们成为所有场上练习项目的一部分。运动员可以根据个人需求在练习过程中随时加入这些步法训练。所有的步法训练都关注适当的平衡、快速的响应时间和迅速归位。脚步保持轻盈并使用好的技巧。如果运动员抽出单独的时间来训练步法技巧，当感到疲惫时，在网球训练后抽出15到30分钟的额外时间来练习速度和敏捷性，以提升步法技巧。

侧滑步

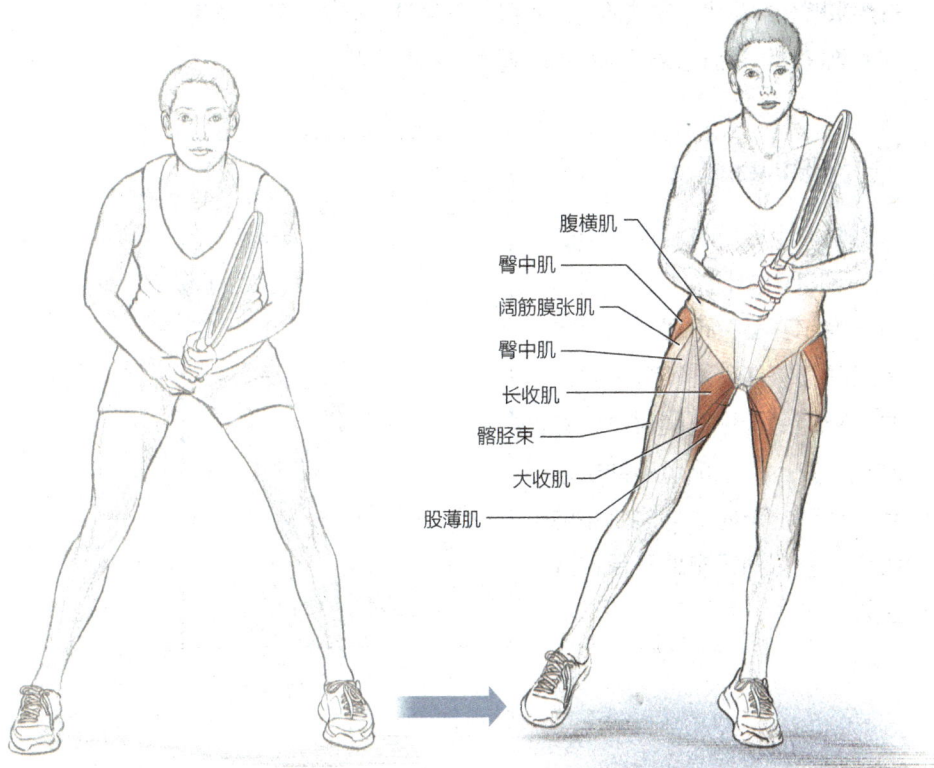

腹横肌
臀中肌
阔筋膜张肌
臀中肌
长收肌
髂胫束
大收肌
股薄肌

进行步骤 »

1 保持运动姿势。双脚分开与肩同宽，双膝微弯，两眼直视前方。站在底线中间标识处，使用惯用手握拍。

2 身体重心下移并保持平衡，向左移动五步。想要完成侧滑步，保持运动姿势，并拢双脚，双脚平行向侧面移动。

3 向左移动五步之后，迈开外侧的左腿，然后移动回底线中间标识处。

4 向右侧重复该动作。

参与的肌肉 »

主要肌群：长收肌、短收肌、大收肌、股薄肌、臀中肌和髂胫束
辅助肌群：腹横肌、阔肌膜张肌、臀大肌和臀小肌

网球训练要点 »

侧滑步占所有网球动作的60%到80%。因此，该项运动对赢得比赛至关重要。侧滑步是运动员接住落地球的主要方式，特别是接住连续对打中的发球。在运动员侧滑步到击球点接住落地球时，外展肌和内收肌以及臀中肌有助于保持低重心。

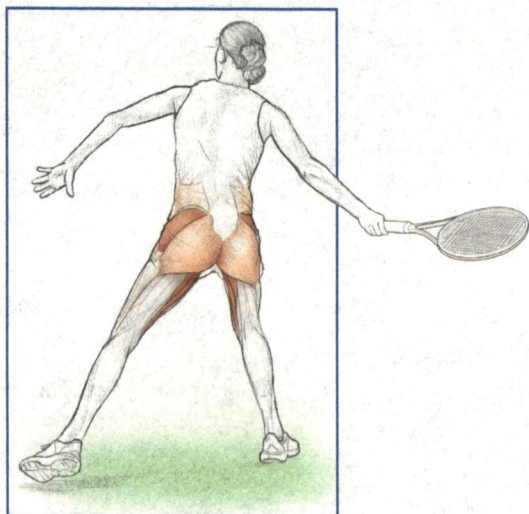

变化动作 »

负重侧滑步

当双手于身前髋部位置持健身实心球时也可以采用此动作模式。为了增加难度，可伸直双臂。另一动作演变是穿着加重背心进行此动作。这增加了进行此动作所需的力量。

交叉侧滑步

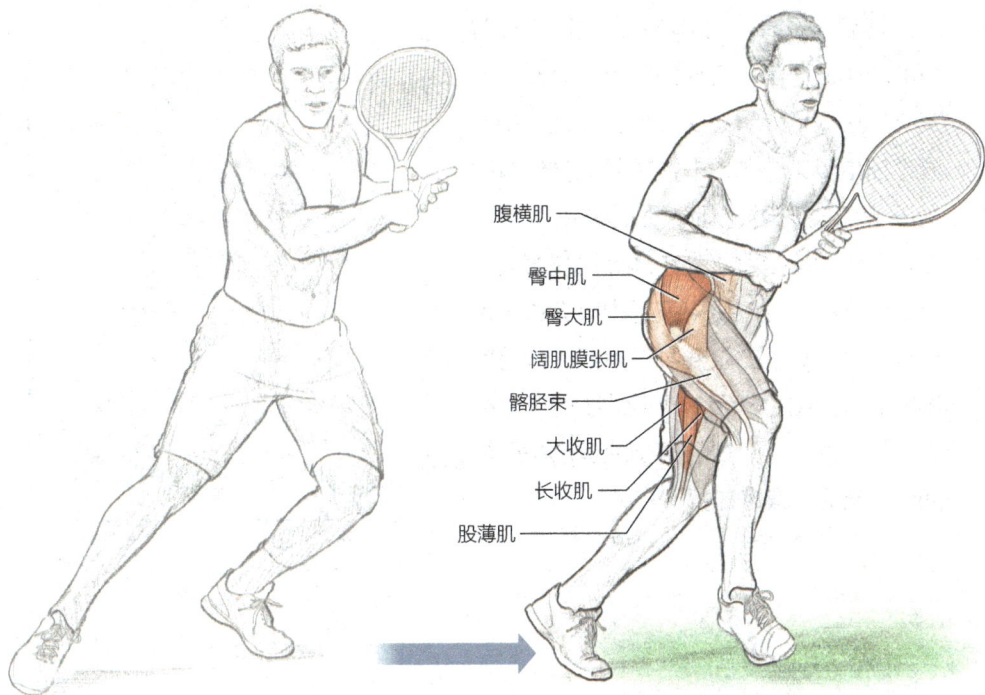

腹横肌
臀中肌
臀大肌
阔肌膜张肌
髂胫束
大收肌
长收肌
股薄肌

进行步骤 »

1　保持运动姿势。双脚分开与肩同宽，双膝微弯，两眼直视前方。站在底线中间标识处，使用惯用手握拍。

2　抬起右腿，右脚于左脚前交叉。双脚离地，左脚于右脚后面向左迈出。双膝微弯，挺胸。

3　向底线中间标识处右侧重复该动作。确保改变方位后的第一步是交叉步。

参与的肌肉 »

主要肌群： 长收肌、短收肌、大收肌、股薄肌、臀中肌和髂胫束

辅助肌群： 腹横肌、阔肌膜张肌、臀大肌和臀小肌

网球训练要点 >>

连续对打时，侧滑步是底线附近最常见的动作。通常，在底线附近，运动员改变方位后的第一步是交叉步。在训练中手握球拍重复这一动作非常重要。当没有时间限制和发球时，运动员经常采取此步法。在运动员侧滑步到击球点接住落地球时，外展肌和内收肌以及臀中肌有助于保持低重心。球手击打离身球后的回位速度通常是区分出色球手和一般球手的一个标志。快速的交叉步或还原步使运动员能够回到恰当的位置来击打下一球。

变化动作 >>

负重交叉侧滑步

当双手于身前髋部位置持健身实心球时也可以采用此动作模式。或者，当穿着加重背心时也可以采用此动作模式。这增加了进行此动作所需的力量。

击打落地球后回位

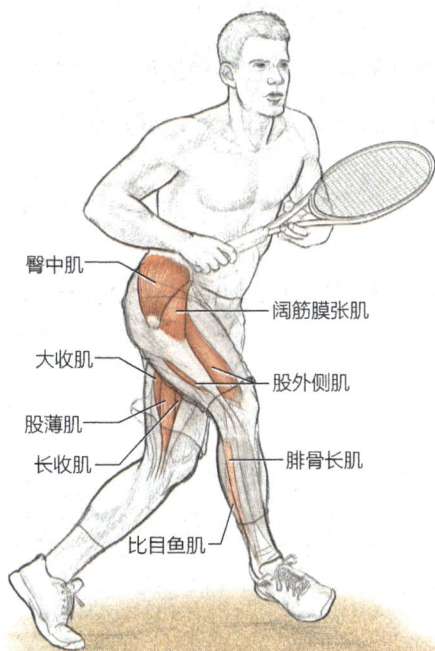

臀中肌
阔筋膜张肌
大收肌
股薄肌
股外侧肌
长收肌
腓骨长肌
比目鱼肌

正手球的还原步

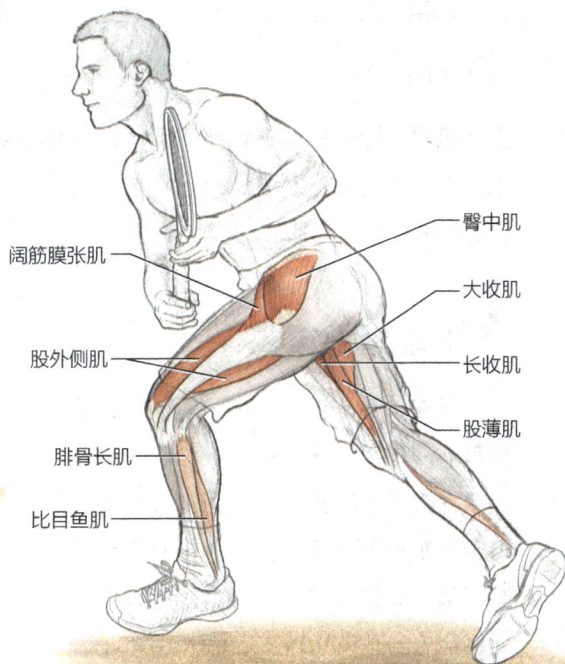

阔筋膜张肌
臀中肌
大收肌
股外侧肌
长收肌
股薄肌
腓骨长肌
比目鱼肌

反手球的还原步

正手球的进行步骤 》

1 在底线中间标识处保持运动姿势站立。用惯用手握拍。

2 身体重心下移并保持平衡。向右迈出五步，击出完全的正手球。

3 抬起外侧的右腿，右脚从左腿前面迈过从而在中场形成恢复动作。一旦右脚落在身体左侧，继续移动回起始位置。重复这一动作，同时保持良好站姿和击球技巧。

反手球的进行步骤 》

1 向另一侧采取同样的动作来击出反手球。在底线中间标识处保持运动姿势站立。用惯用手握拍。

2 身体重心下移并保持平衡。向左迈出五步，击出完全的反手球。

3 抬起外侧的左腿，左脚从右腿前面迈过从而在中场形成恢复动作。一旦左脚落在身体右侧，继续移动回起始位置。重复这一动作，同时保持良好站姿和击球技巧。

参与的肌肉 »

主要肌群： 股外侧肌、髂肌、腰大肌、臀中肌、臀小肌、长收肌、短收肌、大收肌、股薄肌和阔筋膜张肌

辅助肌群： 比目鱼肌和腓骨长肌

网球训练要点 »

在击球后的还原步中，最佳网球手与其他网球手的区别在于步法部分。能够接住强有力的击球并返回有效的场内位置来击打下一球会给运动员带来明确的优势。此动作涉及的肌群包括有助于让腿靠近身体的内收肌、髋部屈肌和髋部内旋肌。重要的是要保持低重心并使蹬地的外侧腿强劲有力。

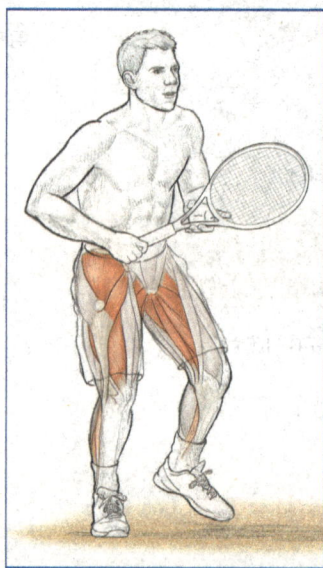

变化动作 »

斜向回位

该项训练的斜向回位动作演变有助于充分锻炼网球动作。斜向回位动作（向斜前方和斜后方跑动）模拟向前跑动接住近位离身球和向后跑动接住远位离身球。对于大部分运动而言，最快的还原步是前交叉步。但是，如果想要回到中部底线的位置，运动员可能会使用后交叉步来接住近位离身球。

十字交叉步法训练

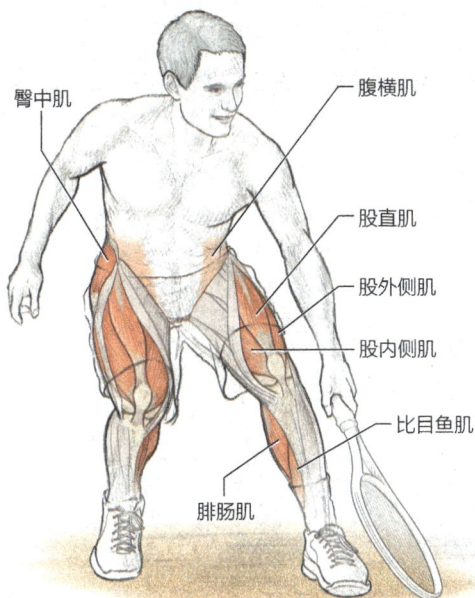

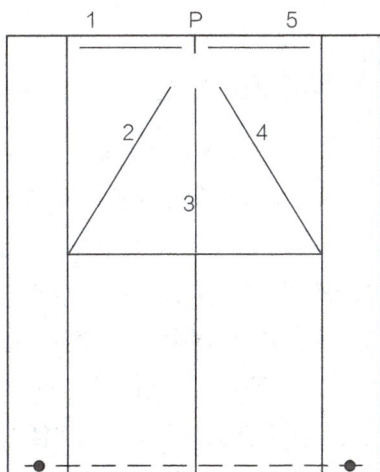

臀中肌

腹横肌

股直肌

股外侧肌

股内侧肌

比目鱼肌

腓肠肌

十字交叉步法训练的场地设置

进行步骤 »

1 通常情况下，这是一项针对速度的训练。在底线中间标识处以运动姿势站立。无论是否手握球拍均可进行该项训练。从底线中间标识处冲向底线与右侧的单打边线形成的拐角处。用脚触及拐角处，然后返回并触及底线中间的标识处。

2 冲向右侧的单打边线与发球线形成的拐角处。用脚触及拐角处，然后返回并触及底线中间的标识处。

3 冲向T处。用脚触及T处，然后返回并触及底线中间的标识处。

4 冲向左侧的单打边线与发球线形成的拐角处。用脚触及拐角处，然后返回并触及底线中间的标识处。

5 冲向底线与左侧的单打边线形成的拐角处。用脚触及拐角处，然后返回并触及底线中间的标识处。

参与的肌肉 »

主要肌群： 股直肌、股外侧肌、股内侧肌、股中间肌、股二头肌、半腱肌、半膜肌、臀大肌、臀中肌、腓肠肌和比目鱼肌
辅助肌群： 腹横肌、竖脊肌和多裂肌

🎾 网球训练要点 »

在能够提升步法技巧的所有训练中，十字交叉步法训练可能是最与网球相关的训练。它包含各个方向的运动。此外，该项训练涵盖的距离与实际网球比赛中的距离一样。该项训练中的停步和起步模拟了实际网球比赛中的情况。在本项训练中，在从一个位置跑向另一个位置时要学会保持平衡。为了使这项训练更具有网球针对性，可以手握球拍进行此训练。运动员也可以加入不同的动作，比如侧向移动、滑步或后退。

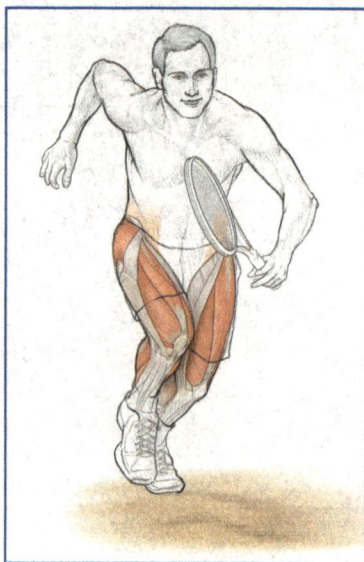

变化动作 »

捡球十字交叉步法训练

按照描述来进行该项训练。在每个位置捡起网球并将其带回到底线的中间标识处。除此之外，如果在该项训练中不进行计时，当到达每一个位置时，模拟击球。在右侧击出正手球，在左侧击出反手球或者每次转体时击球。

小碎步

跳跃

迈向预定方向

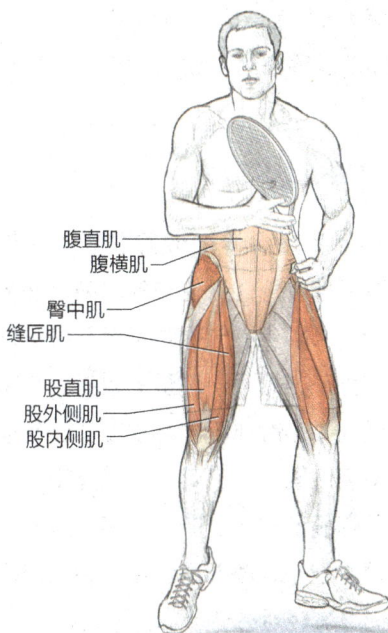

腹直肌
腹横肌
臀中肌
缝匠肌
股直肌
股外侧肌
股内侧肌

转动髋部

进行步骤 》

1 保持运动姿势站立。双脚分开，与肩同宽。双膝微弯，两眼直视前方。站在底线中间的标识处，用惯用手握拍。

2 向上跳起但不要跳得太高。在跳跃的最高处和落地的过程中，向预定方向转动髋部。这是一个简单的减重技巧。直跳直落，最靠近网球的脚稍微外转。

3 一旦落地，向预定的最终方位迈出3或4步。另一侧重复该动作。

参与的肌肉 »

主要肌群： 股直肌、股外侧肌、股内侧肌、股中间肌、股二头肌、半腱肌、半膜肌、臀大肌、臀中肌和缝匠肌

辅助肌群： 腹横肌、髂肌、腰大肌和腹直肌

网球训练要点 »

小碎步是网球中最重要的步法技巧。除发球以外的任何击球之前都需要小碎步。小碎步的时机对于运动员占据好的位置来击打下一球至关重要。在小碎步过程中，髋伸肌向心收缩从而使运动员跳离地面。一旦落地，髋外旋肌使运动员的髋部和腿部转向预定的方向。在落地过程中，髋部屈肌离心运动来吸收力道并减轻对关节造成的压力。

变化动作 »

应激式起跳小碎步

作为一个动作，小碎步并不十分复杂。但是，当加入不同的应激式起跳后，它可以变得更复杂。当需要响应对手的击球时，小碎步的时机十分重要。通常情况下，当对手开始向前挥拍时，就需要迈出小碎步。为了改进小碎步的时机，在训练过程中，让教练或搭档扔一个球来让你做出反应以便击球。

跨步行走

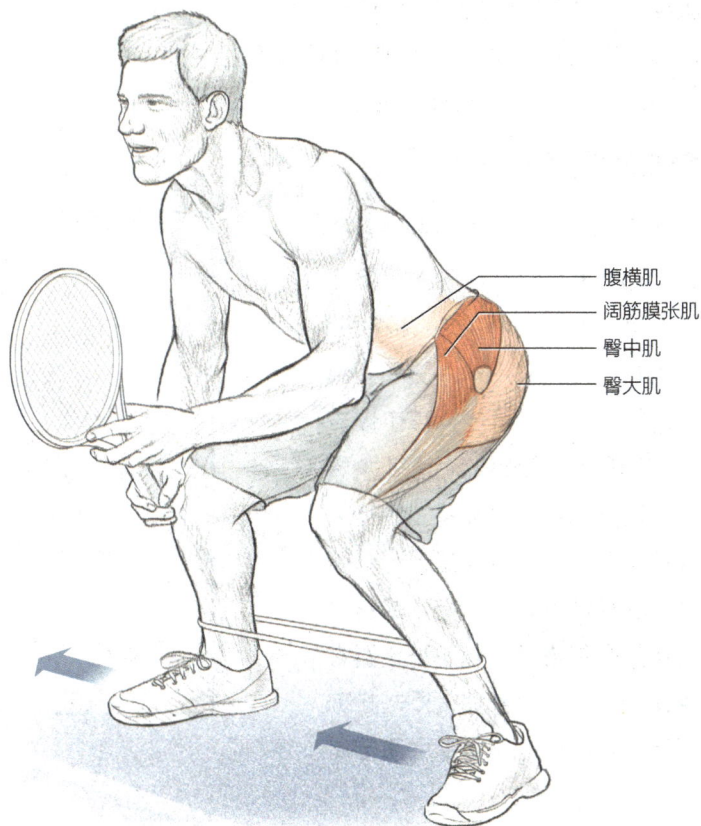

腹横肌
阔筋膜张肌
臀中肌
臀大肌

进行步骤 »

1 两个小腿之间套上一个细橡皮筋。保持运动姿势站立。双脚分开，与肩同宽。双膝微弯。双眼直视前方。用惯用手握拍。开始时身体下压，以便大腿与地面平行，双膝弯曲大约90°。

2 挺直上半身，膝盖弯曲大约90°。右腿向右跨出一小步，然后左腿向右跨出一小步。这样就回到开始的位置。

3 换向右侧重复该动作，跨出5到10步。然后向左侧跨出5到10步。

参与的肌肉 »

主要肌群： 臀中肌、臀小肌和阔筋膜张肌
辅助肌群： 臀大肌、髂肌、腰大肌、腹横肌和竖脊肌

网球训练要点 »

由于侧向运动是网球中很重要的一部分，因此锻炼小肌群的力量与稳定性不仅能够提升运动员的移动能力，还能帮助减少髋部、大腿和腹部受伤的风险。此外，许多网球击球方法和动作都是单腿进行的，这就需要强大的单腿稳定性，以便将力量转化为击球或运动。跨步行走是提升单腿稳定性的最佳训练之一，特别是臀中肌。臀中肌是最重要的髋部稳定器之一。通常情况下，大部分试图击打离身球或远位球的运动员的臀中肌都比较无力。

变化动作 »

斜向跨步行走

以斜向而非侧向的方式进行跨步行走。向前迈出大约45°。对角线方向使步伐更大，这能够调用以半开放式站位击打落地球和低位截击所涉及的肌群。

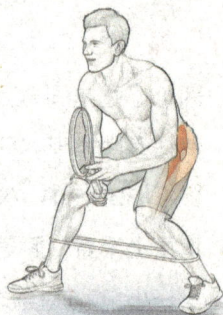

10 CHAPTER

常见的网球运动损伤

所有级别的网球运动员都希望提升他们在场上的技能。但是，预防运动损伤也同样重要。事实上，提升技能和预防运动损伤的训练是紧密相关的。虽然通常情况下，运动损伤的几率相对很小。但是，运动损伤可能并且确实发生在网球场上。有些运动损伤是急性的，比如脚踝扭伤。有些运动损伤是慢性的，比如持续性肩膀疼痛。无论在哪种情况下，我们可以通过制定和遵守适当的训练计划以及使用合适的器材来预防运动损伤。

选择合适的器材

想要选择合适的球拍，我们建议请教认证的网球教练。认证的网球教练可以根据球拍的长度、重量、重量分布、材质以及球拍线的类型及其张力来选择合适的球拍。

球拍的硬度各不相同。硬度大的球拍，虽然更有力，但是可能会带来过大的冲击力。较轻的球拍更容易操控但是吸收的冲击力较小。重的球拍更难以控制，从而有可能导致击球过晚。合格的教练能够指导您选择合适的器材。对于年轻的运动员或那些不是很强壮的运动员，认证网球教练还可以推荐合适的器材，以便他们有时间来逐渐习惯较大、较重的球拍。请教认证网球教练的另一个好处是，通过学习一些课程将有助于了解恰当的击球技巧，这也能减少运动损伤的次数。

除了根据比赛类型、比赛规模和比赛强度来选择合适的器材，还要考虑喜欢的球场。通常情况下，与硬地球场相比，红土球场和草地球场对身体条件的要求相对宽松。但是，红土球场要求髋部和腿部具有更大的力量和灵活性，因为需要使用滑步来接球。在大部分体育用品商店和网球俱乐部都可以买到制鞋企业针对特定球场生产的鞋子。除了缓冲效果外，选择一双好的网球鞋关键还在于确保其能提供足够的侧面支撑。体育用品商店中的专业店员或认证网球教练应该能够根据比赛、体型和球场表面材质推荐合适的网球鞋。

最后，因为经常在温暖的环境中打网球，所以一定要穿着浅色、宽松的衣服。帽子或遮阳帽能够遮阳。涂抹防晒霜，以及在打球之前、打球时和打球之后补水能预防很多问题以及与热相关的疾病。

构建身体平衡

网球是一种自下而上的运动。通过蹬地形成力量，然后力量通过身体转移到球拍。这种力量转移系统被称之为动力链或运动链。所有部分依次运动以帮助击出球。

因为这些力量由下而上进行转移，所以力量转移的好坏都将影响从脚踝到手腕和手指的肌群、关节、韧带和肌腱。这也清楚地表明需要平衡下半身和上半身的力量与灵活性。同样重要的是身体前面和后面以及左侧和右侧的平衡。形成这种平衡可能并不容易，因为网球是一个稍微侧重某一方面的运动。在网球运动中，将会更多地利用惯用侧，特别是上半身。此外，通常情况下，在击球过程中，上半身的肌群在前胸多做向心运动，而在后背多做离心运动。精心设计的训练计划能够帮助克服许多潜在的不平衡性。

研究表明下半身左右侧在力量和灵活性方面都没有太大的差异。这对预防和治疗下半身的运动损伤是优势。因为发球而使得单腿落地的次数增多，所以有时运动员发球时的落地腿（右手发球人使用左腿落地）更强壮。

通常情况下，上半身的力量和灵活性的差异存在于惯用侧和非惯用侧以及前胸和后背之间。由于运动本身的性质，因此实现身体前面和后面或左侧和右侧的真正平衡几乎是不可能的。但是我们可以在训练和运动损伤复原过程中努力做到这一点。既然可靠训练计划的重点是努力实现肌肉平衡，那么可以考虑请教在这方面已取得认证的专家，比如力量和体能训练专家，来帮助预防多种运动损伤并使自己发挥最大的潜力。

预防网球运动损伤

有关网球运动损伤发病率的评论表明，网球受伤率相对较低。运动员在场上训练或比赛1000小时，就有可能受到2到20次伤害。这相当于在千分之二到百分之二的训练时间内会受伤（W.B. Kibler和M. Safran，2005年，"Tennis Injuries," Medicine and Sport Science, 48: 120-137）。与其他运动相比，这是一个十分低的受伤率。但是，网球运动依然存在运动损伤，其中的许多运动损伤是由于准备或训练不足造成的。

关节损伤是最常见的网球运动损伤。预防关节损伤的关键在于确保周围的肌群及相关韧带与肌腱强壮、灵活。这也与平衡有关。当然，急性运动损伤（比如脚踝扭伤或由于冲撞球网或网柱造成的擦伤）经常发生，但适当的训练有助于预防许多慢性损伤。通常情况下，网球中的慢性损伤属于过度使用性损伤。

大部分网球击球都以一种重复性的模式击出，这就导致过度使用性损伤（第180页，表10.1）。网球运动中最常见的过度使用性损伤发生在肩部、肘部、下背部和腹肌、膝盖和髋部。肩部损伤是由于数千次发球或超时击打落地球。肘弯损伤通常与不合适的技巧或器材有关。下背部和腹肌是由于长时间扭曲和转动以及以开放式站位击球而受伤。膝盖和髋部损伤是由网球运动的停步和起步性质造成的。除此之外，由于经常在硬球场打球和在比赛中经常变换方位，因此小腿和脚部也会受到损伤。小腿和脚部最常见的损伤包括小腿扭伤、胫骨骨膜炎和足底筋膜炎。如您所见，所有身体部位都可能出现运动损伤。按照先前章节中介绍的训练进行锻炼有助于提供平衡的训练方法。关键在于强化每个关节周围的肌群来预防运动损伤。图10.1列出了网球运动员身上最常见的损伤部位。

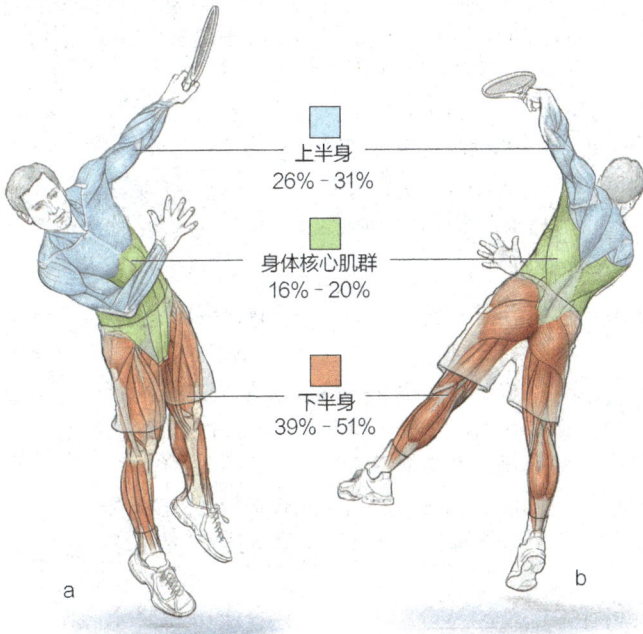

上半身
26% - 31%

身体核心肌群
16% - 20%

下半身
39% - 51%

a

b

图10.1 ▶ 网球运动员身上最常见的损伤部位：（a）前面；（b）后面

表10.1　　　网球常见的过度使用性损伤

身体部位	损伤	症状	原因	预防和治疗
肩部	旋转袖撞击综合症	做过顶动作或提重物时有痛感。	肌肉疲劳。 不正确的技巧，特别是在收缩旋转袖肌腱的过头动作中使用的技巧。	使用包含本章训练在内的恰当强化和伸展训练。 用正确的技巧打球。强化肩部和上背部的肌群。
肩部	肌腱炎	后旋转袖肌肉和肌腱部位有痛感。 肩部前面的疼痛可能与二头肌腱的肌腱炎有关。	由于肩关节受力而过度用力，特别是在击打落地球和发球的随球动作中，导致重复性的肌腱轻伤。	预防旋转袖撞击综合症的训练也能预防肌腱炎。
肘部	肘部上髁炎	肘部外侧有痛感（肱骨外上髁炎或网球肘）。 肘部内侧有痛感（内上髁炎或高尔夫球肘）。内上髁炎涉及正手球和发球时伸展手腕的肌腱，更常见于有技巧的运动员。	不正确的反手球技巧。 反手击球过晚	参加网球课程以确保拥有正确的击球技巧。 用轻重量强化前臂的屈肌和伸肌。伸展前臂的屈肌和伸肌。
手腕	手腕疼痛	手腕桡骨或尺骨侧有痛感。 桡侧偏移疼痛并不常见于网球运动员。通常情况下，涉及桡侧（拇指）的肌腱。	尺侧疼痛可能是由尺侧偏移引起的，通常发生在双手反手球加速之前。 不正确的技巧。球拍较硬。握拍太紧。强有力的击球。	预防肘部损伤的训练也能预防手腕损伤。

续表

身体部位	损伤	症状	原因	预防和治疗
下背部	下背部扭伤	由于突然、出乎意料的移动或在一场或一系列有很多停步和起步动作的长时间比赛中过度使用而造成下背部有痛感。	躯体力量不足以满足转体的高要求，特别是在已开放式站位击打落地球时。	正确地伸展和强化下背部肌群、腘绳肌和深层髋部回旋肌。
腹肌	腹部扭伤或腹部肌肉拉伤	腹部有痛感，特别是在击打高球或伸手接住离身球时。	开放式站位击打落地球时不断进行转体。 高速发球。	强化腹部肌群、下背部肌群和腹斜肌的训练。
膝盖	膝盖疼痛	膝盖骨后面或周围有刺激或痛感。	缺乏膝盖周围肌群的力量或支撑。没有这种肌肉支撑，膝盖骨不能恰当地在股骨末端的股槽中滑动。	膝关节支具有助于支撑膝盖。但是强化股四头肌肌群以及扩大他们的运动范围是最有效的方式。 避免进行超过90°弯曲的训练，比如深蹲。
髋部	髋屈肌扭伤	场上难以移动。 髋部有痛感或不适。	以开放式站位击打落地球。 经常变化方位。 腘绳肌和股四头肌绷紧。	开发髋部良好的灵活性。 强化和伸展腘绳肌、股四头肌和下背部。 每天进行伸展训练。

续表

身体部位	损伤	症状	原因	预防和治疗
小腿	小腿肌肉扭伤或网球腿	腓肠肌内侧有痛感,感觉像有人将球打在腿上。	过度使用。 经常用前脚落地。	伸展和强化腓肠肌和比目鱼肌。 受伤后,不要太快地冲回去比赛。如果不能很好地治愈,该损伤有可能复发。
	胫骨痛	胫骨前端有痛感。	小腿肌肉或骨骼上的纤维组织有慢性炎症。 改变球场表面材质。 严重内翻。 常见于正经历生长突进期的年轻运动员。	休息。 避免引起疼痛的活动。 伸展和强化肌肉。 矫正器可能有助于康复并预防该损伤复发。
脚部	足底筋膜炎	脚跟前面的足底有痛感。通常情况下,当脚部受力以及早晨刚站起来时,痛感最厉害。通常情况下,活动脚趾或掰起脚趾也会造成强烈的痛感。	病因尚未明确,但可能与运动中的落地过程有关。在足跖屈,脚趾强制进行过度伸展,这使得跖腱膜的张力达到最大。	进行伸展训练并穿着矫正器以便康复。 受伤后或感觉到疼痛时,立即休息。 穿着脚跟杯来缓冲落地时对脚跟造成的冲击。

在本章中接下来的部分,我们列出了一些最相关的训练和伸展训练来预防常见的网球运动损伤。与运动损伤预防相关的力量训练每隔一天进行一次,以让身体能够休息一天。如果日程允许,每天都要进行灵活性训练。当肌群兴奋时,灵活性训练的好处最大,所以可以考虑在训练或比赛结束后进行灵活性训练。

小腿伸展

进行步骤 »

1 双手扶墙，挺胸，保持重心稳定。

2 向后伸直右腿，膝盖绷直，以便伸展右小腿。确保右脚跟触地。

3 保持该伸展动作15到30秒。

4 换另一条腿来重复该动作。

参与的肌肉 »

主要肌群： 腓肠肌和比目鱼肌
辅助肌群： 腘肌

网球训练要点 »

许多网球运动员会感到小腿疼痛或不适。在许多情况下，缺乏适当的活动会造成小腿运动损伤。缺乏适当的运动还会限制场上的表现，因为小腿的两大肌群（腓肠肌和比目鱼肌）是将力量从地面向上传递给网球的整个动力链的第一站。如果运动员绝大部分在硬球场上打球，他们的小腿更容易疼痛或有紧绷感。当运动员从红土球场或草地球场转移到硬球场打球时，他们通常也会抱怨小腿疼痛。

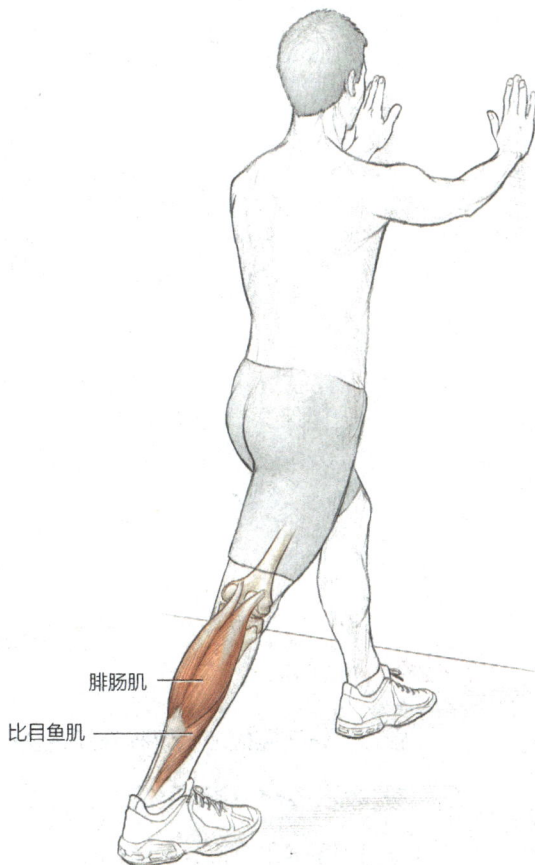

腓肠肌

比目鱼肌

摇板站立平衡

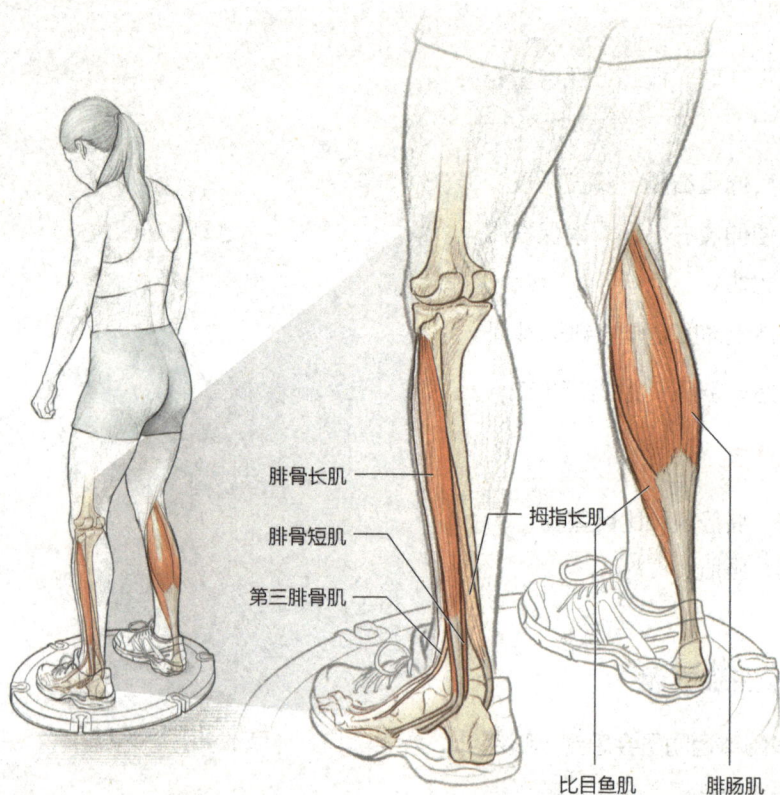

腓骨长肌

腓骨短肌

第三腓骨肌

拇指长肌

比目鱼肌

腓肠肌

进行步骤 »

1 慢慢地站在摇板上。双脚分开站立，与肩齐宽。腹部收紧，挺胸。

2 努力保持身体平衡、稳定。

3 保持该姿势30到60秒。

参与的肌肉 »

主要肌群： 腓骨长肌、腓骨短肌、腓肠肌和比目鱼肌

辅助肌群： 拇指长肌、胫前肌和第三腓骨肌

网球训练要点 »

　　此训练有助于开发下半身的肌肉运动知觉或身体知觉并且能够直接加强网球运动员的平衡性。平衡性在球场上很重要，因为大部分击球和运动是在传统意义上不稳定的环境中完成的，比如单腿姿势。运动员具有的身体知觉越多，他/她就越能将力量转化为击球，从而形成更大的球速。更强的身体知觉同样有益于减少运动损伤发生的可能性，特别是下半身的运动损伤。

变化动作 »

凹凸不平表面的站立平衡

此训练有多种变化形式。可以单腿进行此训练，同时手持健身实心球或哑铃，甚至是蒙着眼镜。所有的这些变化形式都增加了此训练的难度，并且它们都是用来提升网球运动员肌肉运动知觉和平衡性的渐进式训练。

侧脚踝行走

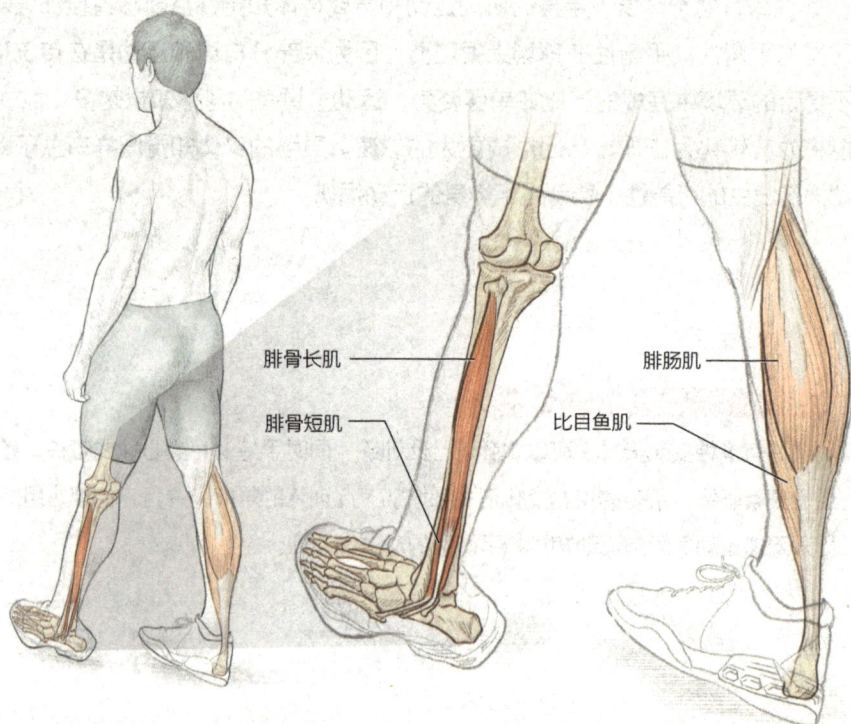

腓骨长肌

腓骨短肌

腓肠肌

比目鱼肌

进行步骤 »

1 双脚分开站立，与肩齐宽。转移身体力量，这样就可以用脚掌保持平衡。

2 左脚向前迈一步，然后右脚向前迈一步。

3 重复该动作。双脚交替前行直至每只脚都迈出五步。

参与的肌肉 »

主要肌群： 腓骨长肌和腓骨短肌

辅助肌群： 腓肠肌和比目鱼肌

网球训练要点 》

　　由于快速改变方位和在比赛中踝关节承受的大量力道，因此网球运动常出现踝关节损伤。侧脚踝行走是一种很好的方式，可强化脚踝部位肌群、韧带和肌腱。强化这些脚踝组织结构也有助于预防内翻脚踝扭伤。内翻脚踝扭伤是网球运动中最常见的一种踝关节运动损伤。当踝关节翻到脚部外面或侧面就产生内翻脚踝扭伤。它通常导致距腓韧带受损。如果是更严重的扭伤，也会导致跟腓韧带受损。脚踝扭伤是急性运动损伤。当运动员跑着接离身球或快速、用力地改变方位时，容易造成脚踝扭伤。包括侧脚踝行走在内的日常训练有助于强化脚踝，这样可以减少踝关节运动损伤的发生。

脚后跟行走

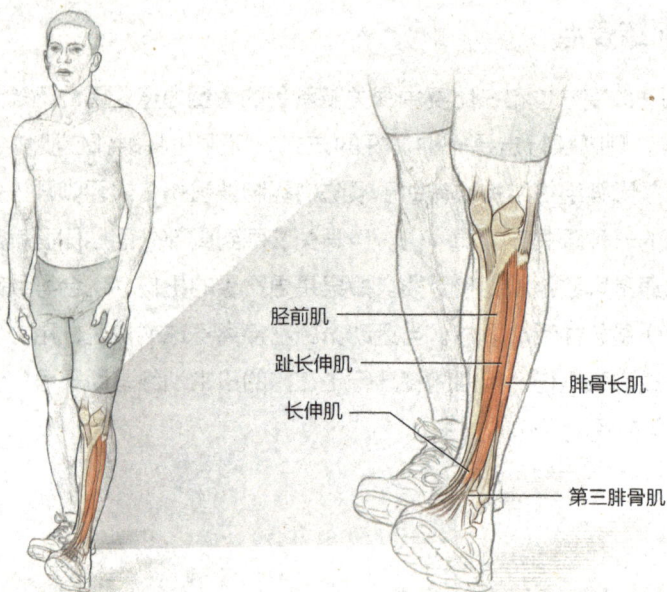

胫前肌
趾长伸肌
长伸肌
腓骨长肌
第三腓骨肌

进行步骤 》

1 双脚分开站立，与肩齐宽。

2 左脚脚后跟向前迈一步。脚趾离地，脚尖绷直。右脚脚后跟向前迈一步，脚趾离地，脚尖绷直。

3 重复该动作。双脚交替前行直至每只脚都迈出五步。

参与的肌肉 》

主要肌群： 胫前肌、趾长伸肌、长伸肌、腓骨长肌和第三腓骨肌

网球训练要点 》

　　脚后跟行走开发脚踝周围的肌群、韧带和肌腱的力量。但是，脚后跟行走最大的好处在于它强化了胫前肌，这有助于限制胫骨痛和与胫骨相关的疼痛的发生。这是一个十分重要的训练，尤其是对那些脚踝力量有限和承受胫骨相关疼痛的运动员而言。

半跪姿髋屈肌伸展

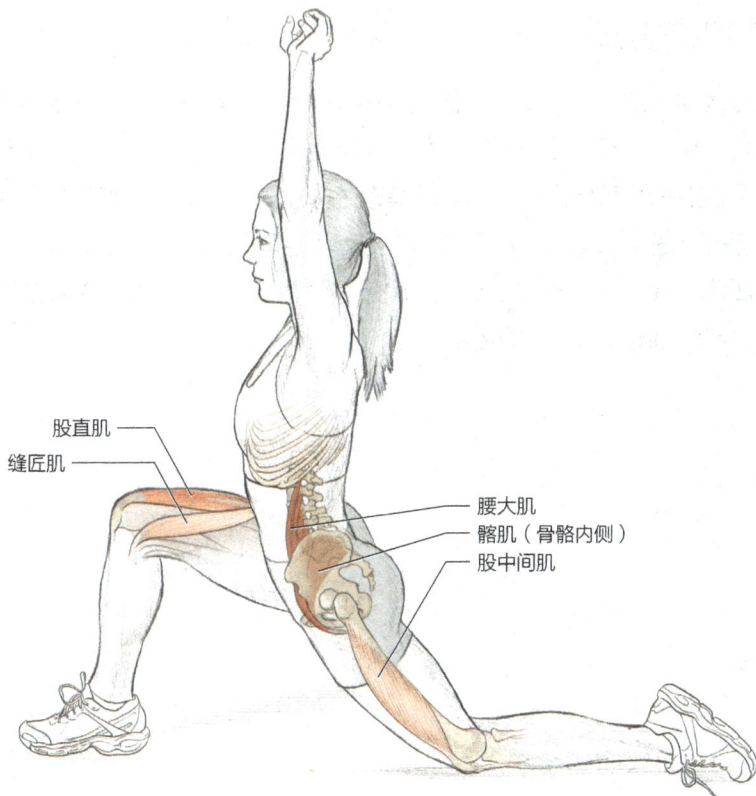

股直肌
缝匠肌
腰大肌
髂肌（骨骼内侧）
股中间肌

进行步骤 »

1　左膝跪地（或跪在坐垫、毛巾或垫子上来减少膝盖扭伤）。右脚向前迈一步，呈弓步，右膝弯曲90°。双臂举过头顶，肘弯伸直，双手相握。

2　慢慢地向前推动左髋来伸展左髋屈肌。确保右膝不会超过右脚的位置。

3　保持该伸展姿势15到30秒。

4　换另一条腿重复该动作。

参与的肌肉 »

主要肌群： 髂肌、腰大肌和股直肌

辅助肌群： 股中间肌和缝匠肌

网球训练要点 »

网球运动员的髋屈肌不断地受力。重大的网球比赛要求运动员保持低的运动姿势并在大部分击球过程中跑动。虽然在落地球和截击球过程中，这种低运动姿势对于更快的跑动和更大的力量转移是理想的（好的一面），但是它也收缩了髋屈肌（坏的一面）。这会导致运动损伤并减小活动范围，从而限制技能发挥。半跪姿髋屈肌伸展有助于增加（至少是保持）髋屈肌的长度，从而帮助加强场上跑动并减少与髋部或腹部相关的运动损伤。

网球按摩

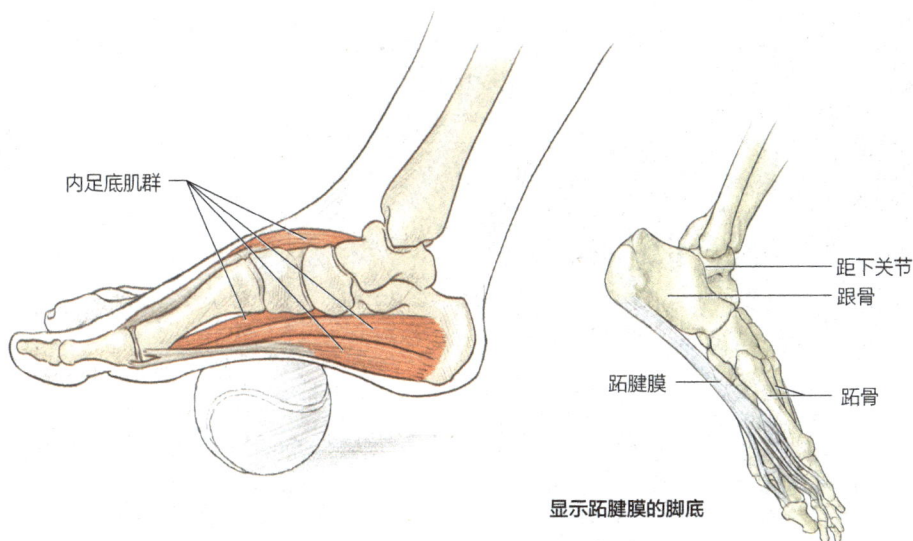

内足底肌群

距下关节
跟骨
跖腱膜
跖骨

显示跖腱膜的脚底

进行步骤 »

1 坐在长凳或椅子上。光脚踩在网球上。网球在脚心下。

2 慢慢地向前、向后移动脚部，以一种画圈的方式按摩脚底30秒或直至感到疼痛或紧绷感减轻。

3 换另一只脚重复该动作。

参与的肌肉 »

主要肌群：内足底肌群

网球训练要点 »

　　与其说网球按摩是一项训练，不如说它是一种康复技术。它会使足底放松，减少因过多地与地面摩擦和网球训练与比赛中所需的方位改变而造成的足部紧绷感。它也是一个很好的技巧，用来减少脚后跟和中足的紧绷感。此外，它能够缓解足底筋膜炎造成的疼痛。跖腱膜足底的深筋膜，其源自跟骨结向远端行至各足趾的近节趾骨。

仰卧抱膝伸展

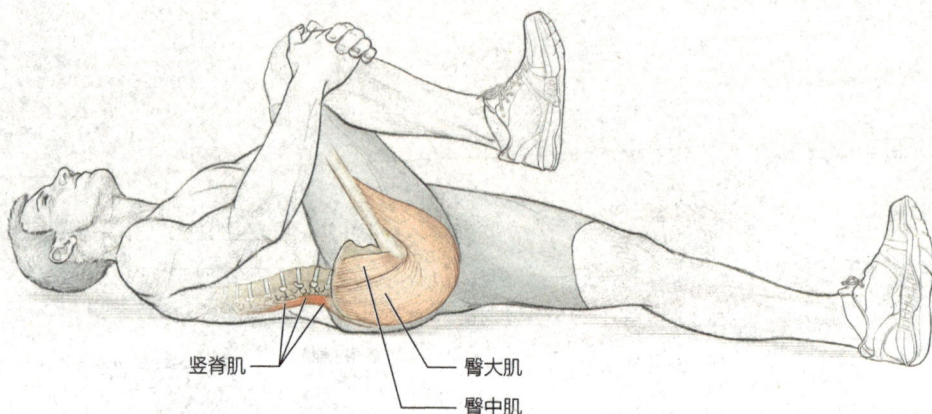

竖脊肌　　　臀大肌
　　　　　　臀中肌

进行步骤 »

1 仰卧在地板或垫子上。放松双肩。完全伸直双腿和双脚,脚尖绷直。

2 双手握住右腿膝盖下方。膝盖弯曲,将右腿蜷向胸部。

3 保持该伸展姿势15到30秒。

4 回到起始位置。换另一条腿重复该动作。

参与的肌肉 »

主要肌群: 竖脊肌和多裂肌
辅助肌群: 臀大肌和臀中肌

网球训练要点 »

　　对于网球运动员而言,下背部是全身最容易受伤的部位之一。虽然很多事情都会导致运动损伤,但下背部缺乏灵活性可能是一个诱发因素。仰卧抱膝伸展是一项很好的训练,用来提升下背部的灵活性。针对下背部的结构化强化训练在将来可以很大程度地减少下背部受伤的几率。第5章和第6章的训练也强化了背部和核心部位的肌群。

仰卧腘绳肌伸展

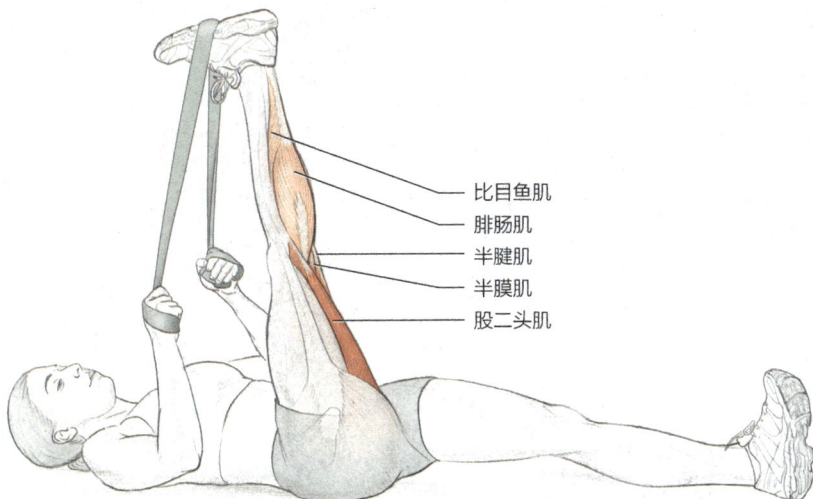

比目鱼肌
腓肠肌
半腱肌
半膜肌
股二头肌

进行步骤 »

1 仰卧在地板上，肩部靠地。双腿伸直，脚尖绷直。将弹力带、绳索或毛巾搭在右脚上。

2 拉弹力带的两端使右腿笔直抬起。

3 在最高点保持该伸展姿势15到30秒。

4 回到起始位置。换另一条腿重复该动作。

参与的肌肉 »

主要肌群： 股二头肌、半腱肌和半膜肌
辅助肌群： 腘肌、腓肠肌和比目鱼肌

网球训练要点 »

在场上运动时，腘绳肌（股二头肌、半腱肌和半膜肌）在髋部伸展方面发挥重大作用，并且它与改变方位时的减速运动密切相关。腘绳肌群是运动员身上容易紧绷的部位之一。腘绳肌紧绷和下背部疼痛有一定的关系。加强腘绳肌灵活性将减少下背部运动损伤并提升场上表现。

4字型伸展

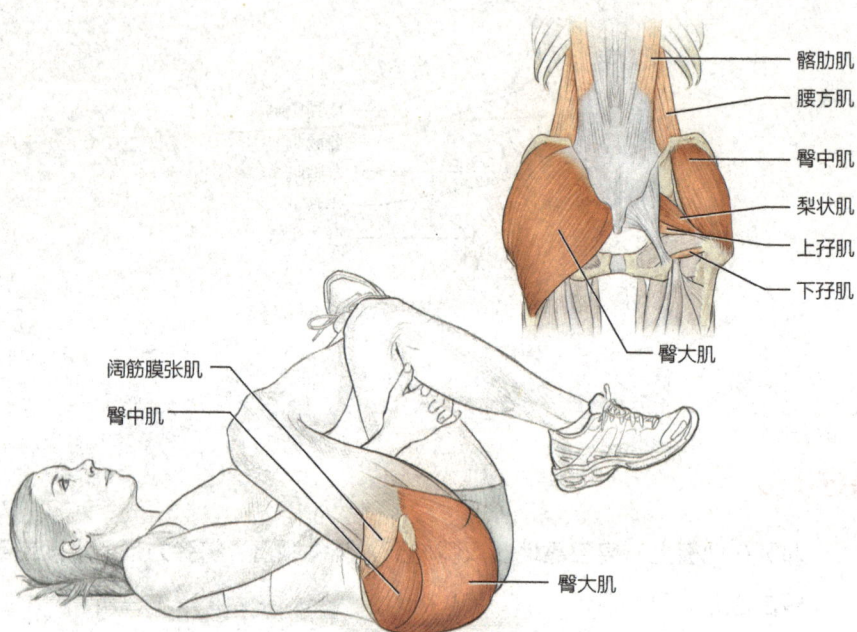

髂肋肌
腰方肌
臀中肌
梨状肌
上孖肌
下孖肌
臀大肌

阔筋膜张肌
臀中肌
臀大肌

进行步骤 ≫

1 仰卧在地板上。将右侧踝骨（脚踝外侧的骨头）放在左侧股四头肌处，略高于左膝。

2 将右手放在两腿之间，左手环抱左腿。

3 双手向后拉左腿来加大腘绳肌的伸展。

4 保持该伸展姿势15到30秒。

5 回到起始位置。换另一条腿重复该动作。

参与的肌肉 ≫

主要肌群：臀大肌、梨状肌和臀中肌
辅助肌群：髂肋肌、腰方肌、上孖肌、下孖肌、阔筋膜张肌和缝匠肌

网球训练要点 》

　　由于在网球运动中需要将力量转化为击球并保持低重心，因此运动员臀部的主要肌群承受压力的很大。这些肌群在整个训练或比赛过程中需绷紧。因此，这些肌群保持最佳长度很重要。这将使髋部能够完全旋转，力量也能通过动力链从地面向上有效地进行转移，并且最终将力量有效地转移给网球。

前臂伸肌拉伸

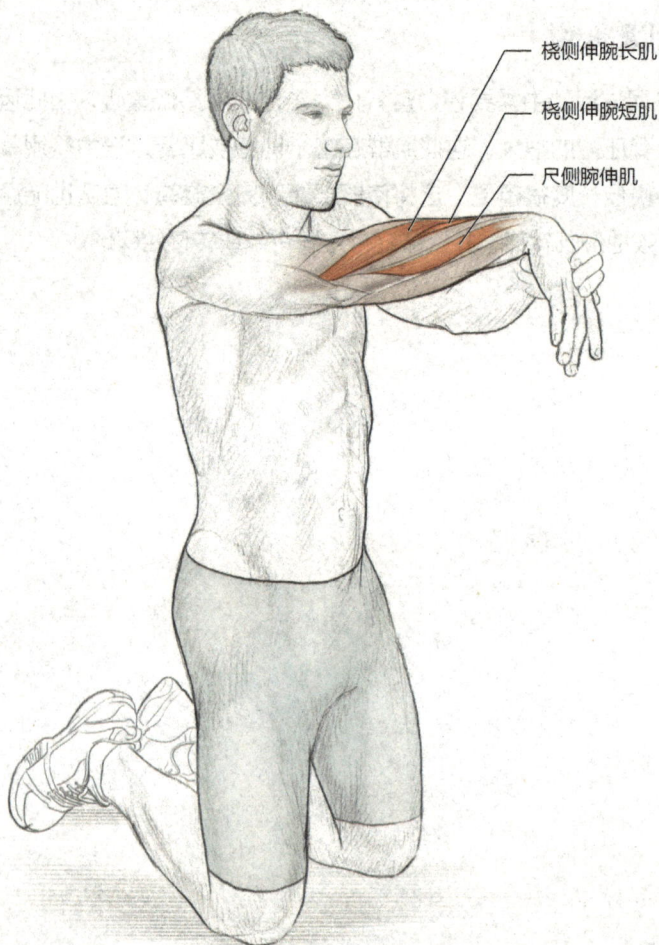

桡侧伸腕长肌

桡侧伸腕短肌

尺侧腕伸肌

进行步骤 »

1 可以跪着（如图所示）、站着或坐着来进行此训练。将右手掌于身前朝
下，手臂于胸前伸出，与肩同高。

2 用左手轻推右手来加大拉伸。

3 保持该伸展姿势15到30秒。

4 换另一条胳膊重复此动作。

参与的肌肉 »

主要肌群： 尺侧腕伸肌、桡侧伸腕长肌和桡侧伸腕短肌

网球训练要点 »

　　对于大部分击球而言，前臂伸肌的灵活性非常重要。但是它直接影响反手击打落地球时向后挥拍的质量。活动功能范围越大，就越能够存储潜在的能量。这些潜在的能力可以在击打落地球的加速过程中释放出来。

前臂屈肌拉伸

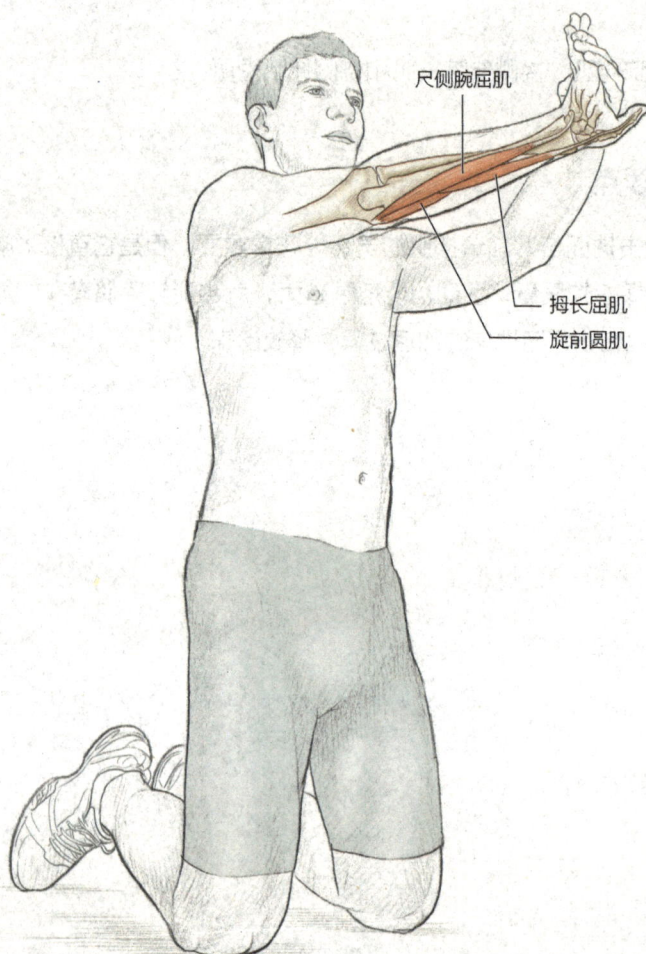

尺侧腕屈肌

拇长屈肌
旋前圆肌

进行步骤 »

1 可以跪着（如图所示）、站着或坐着来进行此项训练。将右手掌于身前朝下，手臂于胸前伸出，与肩同高。举起手指，指尖朝上。

2 用左手将手腕轻轻地向后拉来加大拉伸。

3 保持该伸展姿势15到30秒。

4 换另一条胳膊重复此动作。

参与的肌肉 》

主要肌群： 尺侧腕屈肌、拇长屈肌和旋前圆肌

网球训练要点 》

我们不能低估前臂屈肌适当灵活性的重要性。前臂屈肌的适当灵活性对有效的击球十分重要，因为前臂屈肌是将力量转移给接触球的最后一个身体部位。灵活性较差的运动员的活动范围有限，这限制了击球技巧，从而使力量爆发和场上表现欠佳。此外，较小的活动范围使运动员的上臂和肩部容易出现问题，这也会导致运动损伤。

肩部收缩外旋

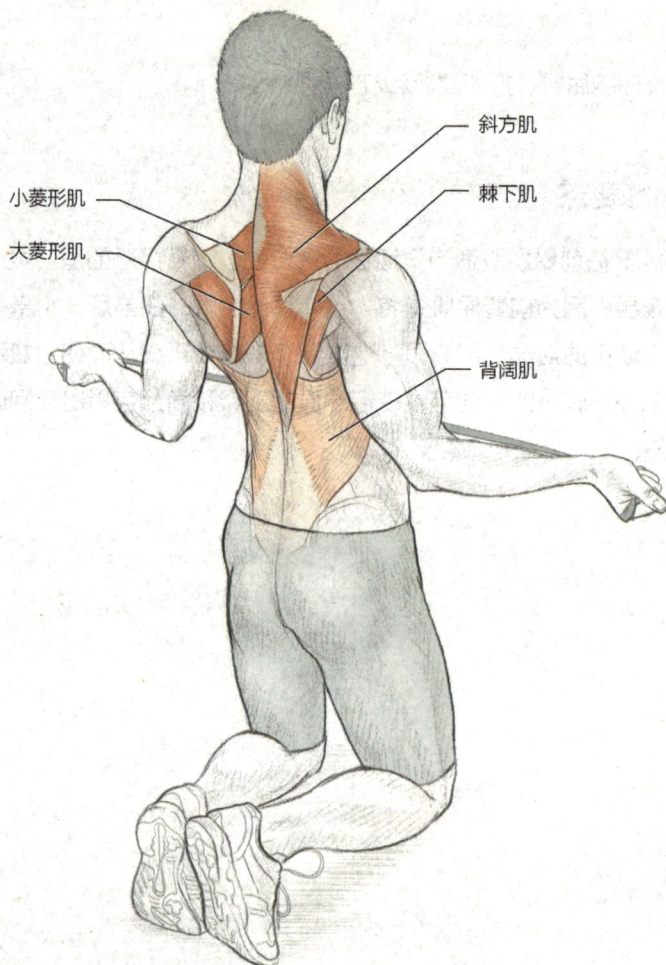

斜方肌

小菱形肌

大菱形肌

棘下肌

背阔肌

进行步骤 »

1 跪在地板（或坐垫）上，如图所示，或采取站姿。双手握住一条弹力管或弹力带，掌心向上，肘部弯曲，双肩向后下方倾斜，头部和颈部放松，保持重心稳定。

2 向外旋转双手2到3英寸（约5到8厘米），同时将拇指外转。然后收紧肩胛骨。保持该姿势2到3秒。在收紧肩部的同时挺胸。

3 慢慢地回到起始位置。

参与的肌肉 »

主要肌群：斜方肌、棘下肌、大菱形肌和小菱形肌
辅助肌群：背阔肌

网球训练要点 »

　　由于许多过度使用性运动损伤发生在肩关节，因此强化旋转袖和肩胛稳定肌非常重要。这些肌群经常离心运动，特别是在发球和正手球的随球动作阶段。此训练通过使肌群朝反方向运动（向心运动）来提升肩胛带的完整性。此外，这项训练有助于保持恰当的姿势。由于动作具有重复性，因此姿势也是很多网球运动员关注的事情。

动作索引

肩部

手臂和手腕

胸部

背部

核心肌群和躯干

腿部

转体强化训练

步法训练

常见的网球运动损伤